다산 정약용

유학과 서학의 창조적 종합자

시대의 절대사상

다산 정약용

유학과 서학의 창조적 종합자

| 금장태 | 정약용 |

살림

e시대의 절대사상을 펴내며

고전을 읽고, 고전을 이해한다는 것은 비로소 교양인이 되었다는 뜻일 것입니다. 또한 수십 세기를 거쳐 형성되어 온 인류의 지적유산을 제대로 이해하고, 그 바탕 위에서 새로운 자기만의 일을 개척할 때, 그 사람은 그 방면의 전문가가 될 수 있을 것입니다. 프랑스의 대입제도 바칼로레아에서 고전을 중요하게 취급하는 까닭도 그와 같은 이유 때문이겠지요.

그러나 예전에도, 현재에도 고전은 유령처럼 우리 주위를 떠돌기만 했습니다. 막상 고전이라는 텍스트를 펼치면 방대한 분량과 난해한 용어들로 인해 그 내용을 향유하지 못하고 항상 마음의 부담만 갖게 됩니다. 게다가 지금 우리는 고전을 읽기에 더 악화된 시대를 살고 있습니다. 변하지 않고 있는 교육제도와 새 미디어의 홍수가 우리를 그렇게 만들고 있는 것입니다.

고전을 읽어야 하지만, 읽기 힘든 것이 현실이라면, 고전에 친근하게 다가갈 수 있는 새로운 방법을 응당 고민해야 하지 않을까요? 살림출판사의 e시대의 절대사상은 이러한 문제의식을 가지고 기획되었습니다. 고전에 대한 지나친 경외심을 버리고, '아무도 읽지 않는 게 고전'이라는 자조를 함께 버리면서 지금 이 시대에 맞는 현대적 감각의 고전을 만들고자 했습니다.

고전의 내용이 지나치게 주관적으로 해석되어 전달되는 위험을 피할 수 있도록 그 분야에 대해 가장 정통하면서도 오랜 연구 업적을 쌓은 학자들이 자신의 경험을 응축시켜 새로운 고전에의 길을 열고자 했습니다. 마치 한 편의 잘 짜여진 다큐멘터리 프로그램을 보듯 고전이 탄생할 수 있었던 시대적 배경과 작가의 주변 환경, 그리고 고전에 담긴 지혜를 재미있게 습득할 수 있도록 내용을 구성했고 난해한 전문용어나 개념어들은 최대한 알기 쉽게 설명했습니다.

이전에 경험하지 못했던 새로운 감각의 고전 *e*시대의 절대사상은 지적욕구로 가득 찬 대학생·대학원생들과 교사들, 학창시절 깊이 있고 폭넓은 교양을 착실하게 쌓고자 하는 청소년들, 그리고 이 시대의 리더를 꿈꾸는 모든 사람들에게 생생하게 살아 숨쉬는 인류 최고의 지혜를 전달할 것이라고 확신합니다.

기획위원

서강대학교 철학과교수 강영안

이화여자대학교 중문과교수 정재서

| 차례 | 다산 정약용

e 시대의 절대사상을 펴내며 04

1부 시대 · 작가 · 사상

1장 다산과의 만남
만남의 계기 14
다산이 열어준 새로운 세계 18
오늘날 되새기는 다산 25

2장 다산의 시대와 삶
다산이 살았던 시대 32
성장과정과 청년시절 40
벼슬길에서 벌였던 활동 48
유배지의 생활과 학문적 업적 69
만년의 생활과 학문적 교류 87

유학과 서학의 창조적 종합자
다산 정약용

3장 다산 사상의 핵심과제
    학문의 방법과 체계   98
    세계와 인간의 이해   111
    민생과 백성의 재발견   123

4장 왜 지금 다산 사상이 중요한가
    도덕적 합리성을 위하여   136

2부 다산 저작선

    칼춤 시를 지어 미인에게 주다   144
    교지를 받들고 순찰하던 중 적성의 시골집에서 짓다   146
    굶주리는 백성들   148
    전선책   150

선비에 대하여 물음	153
통색에 대한 논의	158
비방을 변명하고 동부승지를 사양하는 소	161
원목	170
역론 2	174
전론 3	179
기예론 1	181
탕론	184
이발기발에 대한 변증 1	188
치양지에 대한 변증	191
『상례사전』의 서문	195
『방례초본(경세유표)』의 서문	201
『목민심서』의 서문	213
『흠흠신서』의 서문	217
'국화 그림자를 읊은 시'의 서문	221

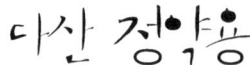

여유당기 224
두 아들에게 보여 주는 가계 227
김공후에게 보냄 233
두 아들에게 부침 237
도산사숙록 242
파리를 조문하는 글 248
『징비록』의 사사에 대한 평 253
녹암 권철신의 묘지명 258

3부 관련서 및 연보

관련서 270
다산 연보 276

1부
시대 · 작가 · 사상

정약용의 저술은 5백여 권이나 되는데, 1930년대에 신조선사(新朝鮮社)에서 『여유당전서(與猶堂全書)』 154권 76책으로 재편집하여 활자본으로 간행하였다. 이처럼 방대한 저술에서 보여 주는 그의 학문적 세계는 광범하여 유교 경전을 해석한 '경학'과 정치·경제·법률의 영역으로 국가경영을 위한 '경세학'을 두 축으로 하고, 예학(禮學)과 악학(樂學)을 비롯하여, 문학·역사학·지리학·언어학·풍속학 및 의학에 이르기까지 다양한 영역을 포괄한다. 그 가운데서도 다산 사상의 핵심적 내용은 그의 경학과 경세학에서 가장 선명하게 확인할 수 있다.

1장 다산과의 만남

만남의 계기

　내가 다산 정약용을 처음 만난 것은 강의실에서가 아니었다. 나 혼자 문제를 찾아다니며 멀리 돌아가는 길에서 정약용을 알게 되었다. 1960년대 초반, 대학의 학부 시절 처음 만났던 한국 사상가는 삼국시대 불교의 거장인 원효였다. 당시 이기영 교수로부터 원효의 『금강삼매경론(金剛三昧經論)』 강독을 들으며 한동안 원효에 매료되었다. 이어서 박종홍 교수의 '한국철학사' 강의에서 당시 새로 발굴한 조선후기 사상가 최한기의 실학사상을 소개받으면서 정약용보다 최한기를 먼저 만났다. 다산 정약용이라는 이름이야 중·고등학교 학생 때부터 귀에 익숙하게 들어왔지만, 그 인물과 사상의 구체적 내용을 이해할 수 있는 강의를 듣거나 저술을 읽을 기회가 없었던 것이다.

대학원에 들어가 석사학위를 마치고 난 직후인 1971년 초가을, 성균관대학교 도서관에서 이만채(李晩采)가 편찬한 『벽위편(闢衛編)』을 우연히 발견하게 되었는데 눈이 번쩍 뜨였다. 이 책은 천주교가 한국에 전래했을 때 유교 지식인들과 조선 정부가 천주교를 배척한 사실에 관한 자료집인데, 거기에는 18세기 후반과 19세기 전반의 조선사회를 뒤흔들었던 유교와 천주교의 사상적 대립에 따른 논쟁과 갈등의 드라마가 담겨 있었고, 나는 거기에 관심이 끌려 점점 깊이 빠져들게 되었다.

『벽위편』은 나로 하여금 명나라 말기에 중국에서 활동한 예수회 선교사 마테오 리치(Mateo Ricci, 利瑪竇)가 저술한 천주교 교리서인 『천주실의(天主實義)』를 찾아 읽도록 이끌어 주었다. 『천주실의』는 천주교 교리를 유교 경전의 사상과 조화롭게 만나도록 한 책이다. 16세기 말, 동양과 서양의 두 사상이 본격적으로 만나서 새로운 세계로 향하는 문을 열어주는 중요한 저술이라고 할 수 있다. 『벽위편』은 나에게 정약용에 대한 관심을 불러 일으켰으며, 그의 저술을 찾아 읽도록 길을 열어 주었다.

대학원 박사과정에 입학한 이후, 『중용』을 해석한 정약용의 저술 『중용강의(中庸講義)』를 읽다가 『천주실의』에서 마테오 리치가 제시한 천주교 교리의 이론과 유사한 점이 매우 많다는 것을 발견하면서 흥분하게 되었고 점점 깊이 빠져 들어가기 시작했다. 박사과정 때 홍이섭 교수의 강의를 신청했는데, 이 수업은 수강하는 학생이 나 혼자여서 질문을 하면 대답해 주시는 방식으로 진행되었다. 나는 정약용과 서학(西學 : 서양 과학과 천주교 교리)에 관련된 문제들을 집중적으로 질문하였고, 홍교수로부터 많은 가르침을 받을 수 있는 행운을 누렸다.

당시 북한에서는 최익한의 『실학파와 정다산』(1955)이 간행되었으나 당시에는 그 책을 볼 수가 없었으며, 남한에서는 홍이섭 교수의 『정약용의 정치경제사상 연구』(1959)가 처음으로 간행되었다. 뒤이어 이을호 교수의 『다산 경학(經學)연구』(1966)가 간행되어 다산 사상의 연구가 시작되는 단계였다고 할 수 있다.

이 무렵 나의 관심은 다산 사상과 서학의 연관 문제에 쏠려 있었고, 이때 정약용에 관해 처음 발표한 논문이 「정다산의 사상에 있어서 서학(西學)의 영향과 의의」(『국제대학논문집』 제3집, 1975)였다.

나는 박사학위 논문을 정약용에 관해 쓰겠다고 마음을 정했는데, 지도교수인 유승국 교수와 상의하는 과정에서 범위가 넓혀져 18세기 후반 정약용의 서학 수용에서 시작하여

'한말 위정척사론(韓末 衛正斥邪論)'이라 일컬어지는 19세기 후반 성리학자들의 서학 비판이론까지 포괄하는 「동서교섭과 근대 한국사상의 추이에 관한 연구」(1978)라는 제목으로 마무리했다.

그 후 한국사상사에 대한 나의 관심은 크게 세 줄기로 갈라졌다. 성리학자로서 16세기의 퇴계 이황(退溪 李滉)과 19세기 후반의 화서 이항로(華西 李恒老)의 사상 및 그 학맥의 계승이 하나의 줄기였고, 진암 이병헌(眞菴 李炳憲)을 비롯한 20세기 초 유교 개혁사상이 또 하나의 줄기였지만, 언제나 다산 사상의 이해가 큰 줄기의 하나로 지켜져 왔다. 그러다 보니 다산 사상에 관한 나의 저술로서 『정약용―한국 실학의 집대성』(1999), 『다산실학탐구』(2001), 『도와 덕―다산과 오규 소라이의 중용·대학 해석』(2004)이 세상에 빛을 보게 되었다. 이 저술들은 내용이 무척 부실하지만 정약용에 관한 나의 지속적 관심을 보여 주는 것이며, 다산 사상을 찾아가는 나의 탐색은 힘이 미치는 한 앞으로도 계속될 것이다.

다산이 열어준 새로운 세계

 정약용을 처음 만난 이후로 점점 다산 사상의 매력에 빠져들면서 나는 아득히 넓고 큰 산악지대에 들어왔다는 것을 깨닫기 시작했다. 어떤 사상가는 들판에 솟아오른 봉우리 같아서 전체 규모를 쉽게 파악할 수 있는데, 정약용의 경우는 워낙 큰 산줄기라서 끝이 보이지 않을 만큼 무수한 봉우리들이 이어져 있고 깊은 골짜기가 사방으로 뻗어 있었다. 어느 골짜기를 따라 올라가 보아도 전체의 모습은 짐작하기조차 어렵다는 것을 깨닫게 되었다. 바로 이 점에서 정약용은 한 번 거쳐 가는 사상가가 아니라 평생을 두고 연구할 만한 다양하고 풍부한 세계를 간직한 사상가이다.

 나는 정약용이 유교 경전을 해석하면서 천주교 교리를 뒷받침하는 서학의 세계관을 어떻게 수용하고 있는지의 문제에 흥미를 갖고 다산 사상의 연구를 시작했다. 당시 다산 사상을 연구하는 국내 학자들 대부분의 입장은 정약용의 저술을 아무리 꼼꼼하게 읽어보아도 그 어디에도 정약용이 서학을 인용한다는 언급이 없다는 사실을 들어 정약용과

정약용 초상

서학의 관계를 거부하려고 하는 것이었다. 그래서 내가 다산 사상이 서학의 영향을 받았다고 주장하면 대다수로부터 곧바로 공박을 받기 일쑤였다.

그 후 점차 다산 사상과 서학의 연관성에 대한 이해가 심화되면서 이제는 대놓고 반박을 당하지는 않을 정도로 이 문제에 대한 이해가 넓어졌다. 그런데 나 자신이 정약용에게 한 발짝씩 다가가면서 뒤이어 깨달은 것은 정약용이 서학의 세계관을 수용했다는 것이 중요한 점이 아니라, 서학의 세계관으로부터 충격을 받고 유교 경전의 세계를 새로운 빛으로 해석했다는 점이 더욱 중요하다는 사실의 발견이었다.

서학의 문제가 다산 자신의 사상을 형성하는 과정에서 하

나의 중요한 계기를 제공해 주었던 것은 사실이다. 그러나 정약용이 추구한 것은 유교 경전을 근원에서부터 새롭게 재해석하는 것이었다. 정약용에 대해 그가 유학자인지 천주교인인지 어느 한쪽으로 대답을 하도록 요구하고 있는 사람들이 많다. 이렇게 소속을 분명히 밝혀야 마음이 편해지는 것이 보통사람들의 정서인가보다. 그렇지만 정약용 자신은 천주교 교리의 영향을 받았을지언정 천주교 교리를 내세우지는 않았으며, 유학자로서 유교의 정통성을 내세워 배타적인 폐쇄성에 사로잡혔던 인물도 아니었다.

그는 그 시대의 여러 사상적 흐름에 대해 폭넓게 관심을 가졌으며, 합리적이라고 생각되면 어떤 사상이라도 허심탄회하게 받아들일 수 있는 열린 마음을 지녔던 사상가였다. 바로 이러한 열린 마음에서 정약용의 창조적 사유가 배양되었고, 새로운 시대를 열어 주는 혁신적 사상을 체계화할 수 있었던 것이라고 생각된다.

새로운 시대를 열어 주는 위대한 사상가는 이전 시대에서 넘겨받은 세계관의 한계를 깨뜨리고 다음 시대를 위해 새로운 세계관을 제시한다. 정약용은 바로 18세기 말과 19세기 초에 당시까지 조선사회를 이끌어 가던 통치원리요 가치기준이었던 사상, 곧 우리가 흔히 '성리학'이나 '주자학'이라 일컫기도 하는 '도학(道學)'의 세계관을 그 뿌리에서부터 붕괴시키고 '실학'의 새로운 세계관을 독자적인 체계로 제시하였다.

나는 다산 사상의 위대함은 그가 어떤 사상에서 영향을 받았는가에서 드러나는 것이 아니라, 그의 사상이 이루어 놓은 전체 체계의 독창적이고 혁신적인 성격에서 드러난다고 생각한다. 다산 사상의 그 독창적이고 혁신적인 성격은 한국사상사를 공부하는 과정에서 가장 신선한 충격으로 다가왔다.

정약용의 저술은 5백여 권이나 되는데, 1930년대에 신조선사(新朝鮮社)에서 『여유당전서(與猶堂全書)』 154권 76책으로 재편집하여 활자본으로 간행하였다. 이처럼 방대한 저술에서 보여 주는 그의 학문적 세계는 광범하여 유교 경전을 해석한 '경학'과 정치·경제·법률의 영역으로 국가경영을 위한 '경세학'을 두 축으로 하고, 예학(禮學)과 악학(樂學)을 비롯하여, 문학·역사학·지리학·언어학·풍속학 및 의학에 이르기까지 다양한 영역을 포괄한다. 그 가운데서도 다산 사상의 핵심적 내용은 그의 경학과 경세학에서 가장 선명하게 확인할 수 있다.

나는 다산 사상이 고전으로서 지닌 중요한 가치를 네 가지 점에서 확인하고 싶다. 그 첫째는 인간의 재발견이요, 둘째는 백성을 사랑하는 애민(愛民)정신이요, 셋째는 객관적 증거를 중시하는 합리적 학문자세요, 넷째는 과학적 실용정신이다.

첫째, 인간의 재발견이란 특히 '육경사서(六經四書)'의 유교 경전 전체를 창의적으로 재해석한 경학을 통해 인간 존재를 새로운 빛으로 해명하는 데서 선명하게 드러난다. 그는 인간 존재의 근원으로 하늘과 인간의 관계를 해명하면서, 인간이 두려움으로 하늘의 명령을 따르고 하늘을 섬겨야 하는 신앙적 인간 존재라는 점을 생동적으로 밝혀 주고 있다. 또한 인간과 사물의 관계를 인식하면서 도덕적 의식과 의지가 있는 인간 존재와 사물을 엄격히 구별할 것을 요구하였다. 나아가 덕은 인간 존재가 태어나면서부터 지닌 것이 아니라 자신의 판단과 행위를 통해서 실현할 수 있는 것임을 주장하였다. 바로 이 점에서 성리학의 인간 이해가 '이(理)'의 보편성에 근거하여 하늘과 인간이 '이'에서 일치하고, 인간과 사물도 '이'를 공유하며, 인간은 도덕성을 태어나면서부터 지니고 있다는 성리학의 인간관을 전면적으로 극복하는 새로운 인간 이해를 보여 주고 있는 것이다.

둘째, 백성을 사랑하는 애민(愛民)정신은 이른바 '일표이서(一表二書)'라 일컬어지는 『경세유표』『목민심서』『흠흠신서』로 대표되는 그의 경세학에서 관철되고 있다. 나라의 근본이 백성이라는 민본(民本)의 원칙은 유교사회에서 지속적으로 확인되어 왔으나, 백성들은 현실적으로 항상 계급적 신

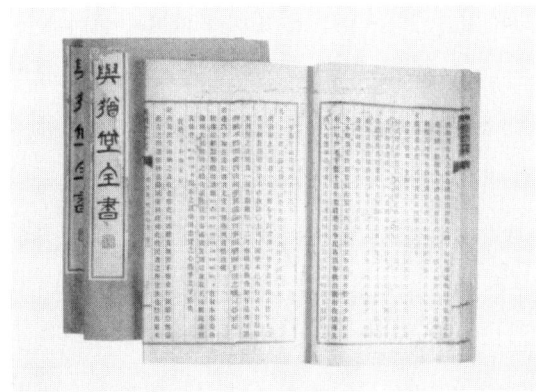

여유당 전서

분질서 아래서 착취의 대상이 되어 극심한 빈곤과 학대 속에 시달려야 했다. 정약용은 백성들의 삶을 실질적으로 개선하고 보호할 수 있도록 법률과 행정제도의 개혁을 추구하였으며, 시를 통해서도 백성의 참혹한 생활 모습을 그려내고 절망적인 처지를 고발하였다.

셋째, 객관적 증거를 중시하는 합리적 학문자세는 그가 경전 해석에서 활용하는 고증학적 학문방법에서 가장 잘 드러난다. 그는 경전 해석에서 이전의 다양한 해석들을 비교 검토하면서 마치 재판관이 증거를 확인하여 옳고 그름을 판결하듯 일체의 선입관이나 편견을 거부하고 객관적 증거로 진실성을 판단하는 기준을 삼고 있다. 그리하여 그는 새로운 증거가 있을 때 남의 견해를 허심탄회하게 받아들이고 자신의 기존 견해를 서슴없이 고치는 열린 마음을 보여 주고 있으며,

자신의 주장이 진실하다는 증거를 가졌을 때에는 어떤 전통적 권위에도 굴복하지 않는 용기를 보여 주고 있다.

넷째, 과학적 실용정신은 그가 수원성(水原城 : 華城)을 축조할 때 서양 과학서를 이용하여 기중기(起重機)를 설계함으로써 경비를 크게 절감시키고, 의학 지식으로서 종두법(種痘法)의 연구를 통해 당시에 위협적인 질병을 퇴치하기에 힘썼던 사실에서 잘 드러난다. 그가 기계를 제작하거나 토목공사의 공정을 계획하면서도 언제나 수학적 계산을 통해 효율을 극대화시키는 데 관심을 기울였다는 사실은 바로 과학적 도구와 방법의 실용화를 추구하는 자세를 보여 주는 것이라 할 수 있다.

오늘날 되새기는 다산

　다산 사상은 그 시대의 산물이지만 시대를 넘어서 지속적인 가치를 발현하고 있기 때문에 오늘날 우리에게도 소중하다. 오히려 다산 사상이 제시되던 그 시대에는 폭넓게 이해되지도 못하였고 제대로 수용되지도 못하였지만, 정약용이 세상을 떠나고 난 이후 세월이 갈수록 우리 사회에 더욱 밝은 빛을 비쳐 주고 있는 사실을 주목할 필요가 있다. 정약용이 살았던 시대는 전근대사회로 전제군주가 통치하던 시대였다. 그런데 우리가 살아가고 있는 시대는 민주적 정치체제가 정립되었고 후기산업사회에 접어들어 있는데, 다산 사상이 우리에게 무엇을 말해줄 수 있다는 것인가. 여기서 다산 사상이 지닌 깊은 통찰과 지혜의 빛이 당대에 우리가 해결해야 할 과제와 우리가 개척해 나가야 할 길을 비쳐 주고 있다는 사실을 음미해 보는 것은 의미 깊은 일이다.

다산 사상이 오늘의 우리에게 던져준 가장 중요한 지혜의 빛으로는 세 가지가 있다. 그 하나는 외래문물과 전통문화의 종합을 통한 창조적 사유요, 다른 하나는 물질적 경제생활과 정신적 도덕 문화의 조화를 통한 균형 있는 가치관이며, 또 다른 하나는 인간에 대한 사랑과 인간관계의 결합에 기반하는 사회질서의 이상이다.

첫째, 다산 사상이 외래문물과 전통문화를 종합함으로써 실현하는 창조적 사유를 유의해 볼 필요가 있다.

정약용은 당시 조선사회에서 수용할 수 있는 새로운 문물로서 서양의 과학기술과 종교를 포함한 서학이나 청나라에서 활발하게 일어난 고증학의 학문방법을 폭넓게 수용하였다. 이 시대 조선사회의 대부분 지식인들은 주자를 학문의 정통으로 삼는 도학—성리학의 이념을 고수하고 있었으나, 소수의 지식인들은 서학에 심취하여 천주교 신앙을 열정적으로 받아들이거나 고증학과 청나라 문물을 적극적으로 수용하기도 하였다. 한쪽은 전통을 고수하면서 새로운 외래문물에 무관심하거나 거부하며 전통을 고수하는 태도를 취하였고, 다른 한쪽은 새로운 외래문물에 빠져들어 전통을 잘못되거나 낙후한 것으로 무시해 버리고 외래문물을 추종하는 태도를 취하였다. 이러한 양극화 현상은 당시 심각한 문제였다.

정약용은 서학과 고증학 등 새로운 외래문물을 적극적으로 받아들이면서 전통의 성리학적 세계관에 대한 비판적 반성을 시도하였다. 그러나 그는 외래문물의 맹목적 추종자도 아니었고 전통문화의 폐쇄적 고수자도 아니었다. 오히려 그는 새로 수용한 외래문물을 섭취함으로써 유교 경전의 본래 정신을 새롭게 해석해 내는 도구로 활용하였다. 서학의 세계관이나 고증학의 방법이 제공하는 새로운 빛으로 유교 경전을 다시 비추어보았을 때, 지금까지 드러나지 않고 감추어져 있던 유교 경전의 깊은 의미를 생생하게 살려낼 수 있었던 것이다.

이런 의미에서 다산 사상은 외래문물의 수용을 수단으로 삼아 전통사상이 지닌 깊은 뜻을 재발견하는 데 목적을 두었던 것이요, 외래문물과 전통문화를 종합하여 전통문화를 창조적으로 재해석하는 작업이었다고 할 수 있다. 나아가 정약용은 우리의 역사·지리·풍속·언어에 대해서도 깊은 관심으로 자료를 발굴하고 정리하는 작업을 함으로써 '국학(國學)' 곧 민족문화 연구의 기반을 마련하였던 것이 사실이다.

바로 이 점은 최근 우리가 외래문물을 선진문명으로 수용하는 데 급급하여 전통문화를 낙후한 전근대적 잔재로 치부해 버리는 경향이 강했던 사실을 반성하게 한다. 끝없이 외래문물을 추종하다 보면 우리의 전통문화는 소멸되고, 그만큼 문화적 예속을 벗어날 수 없게 될 위험이 있다. 그렇다고 전통문화를 그대로 고수하려는 국수주의적 태도가 변화된 시대에 생명력을 지닐 수도 없는 일이다. 따라서 새로운 외래문물을 적극적으로 수용하면서 전통문화에 내재한 보편적 정신을 그 시대에 적합하게 재창조하는 일은 민족문화의 주체성을 확립하는 길이요, 그만큼 다산 사상은 문화적 주체성을 확립해야 한다는 우리 시대의 당면과제에 대한 중요한 모범을 보여 주고 있다고 하겠다.

둘째, 다산 사상이 물질적 경제생활과 정신적 도덕문화의 조화를 추구함으로써 제시하는 균형 있는 가치관을 유의해 볼 필요가 있다.

도학―성리학이 도덕적 심성의 수양을 강조하면서 인간의 물질적 욕구를 억제하는 결과를 초래하였고, 이에 대한 반작용으로 조선후기 실학에서는 사회제도의 개혁과 이용(利用)·후생(厚生)을 표방하여 생산기술의 개선과 경제적 활성화를 추구하는 데 관심을 기울였던 것이 사실이다. 금욕주의적인 도덕 중심의 가치관과 빈곤을 극복하기 위해 생산과 유통을 중시하는 경제 중심의 가치관을 동시에 가지기 어려운 것은 분명하다. 그러나 정약용은 실학자로서 불합리한 제도의 개혁과 더불어 생산의 촉진과 경제적 향상을 추구하였지만, 동시에 인간의 도덕적 각성과 실천을 강조함으로써 경제와 도덕의 균형과 조화를 도모하는 사상적 특징을 유감없이 보여 주었다.

우리 시대는 경제적 빈곤을 극복하고 생산과 기술의 개발에서 놀라운 성과를 이루었지만, 동시에 욕구의 절제를 잃고 예법과 공공의식이 혼돈에 빠졌으며, 사회 전반적으로 도덕적 붕괴가 심각하게 일어나고 있다. 이러한 현실에서 절실한 당면과제는 어떻게 경제적 발전을 유지하면서 품위 있는 도덕적 가치관을 우리 사회에 확보할 수 있는가의 문제가 아닐 수 없다. 도덕과 경제가 어느 한쪽만 선택할 수 있는 것이 아니라면, 양자의 균형 있는 실현이 필수적이다.

정약용은 유교 경전을 재해석하면서 도덕을 근본의 과제요 경제를 말단의 과제로 보는 견해를 받아들이면서, 근본의 도덕을 강조하다가 말단의 경제를 망각하거나 말단의 경제에 급급하다가 근본의 도덕을 소홀히 하는 폐단을 극복하는 데 특히 주의를 기울였다. 그는 근본의 도덕과 말단의 경제가 두 가지 일로서 선후를 나눌 수 있는 것이 아니라, 이 두 가지가 상호보완적 역할을 하는 것으로 어느 한쪽을 결여하면 다른 한쪽도 제대로 실현될 수 없다는 견해를 밝히고 있다. 다산이 도덕과 경제가 서로 침투되어 긴장된 통일을 이루는 상관관계를 지니는 것으로 인식하면서 조화와 통합의 논리를 제시하고 있는 것은 근대화의 깃발 아래 경제개발에 치우쳐 도덕적 해이를 초래한 병증을 치료하는 데 유용한 처방으로 의미를 지니는 것이라 하겠다.

셋째, 정약용이 '인(仁)'을 인간에 대한 사랑으로 해석하며 도덕적 가치의 중심 개념으로 강조하고, 이에 근거하여 인간관계의 결합을 이루는 사회질서의 이상을 제시하고 있는 사실에 유의할 필요가 있다.

정약용은 가정과 국가의 모든 인간관계를 지탱하는 도덕적 가치로서 덕(德)을 효(孝)·제(弟)·자(慈)의 인간에 대한 사랑으로 확인하고, 남에게 요구하는 것으로 남을 섬기는 '서(恕)'의 실천을 강조하였다. 조선사회가 권위적 지배나 복종의 도덕규범에 기반하여 사회질서를 이루고 있는 현실과 비교해 보면, 인간과 인간의 사랑으로 결합되는 사회를 제시하는 다산의 견해는 새로운 사회질서의 이상을 제시하고 있는 것이라 할 수 있다.

근대 이후 개인주의가 중시되면서 가족적 유대나 사회공동체의 결속이 약화되고 개인이나 집단의 이익이 강조되면서 사회 내의 갈등이 심화되고 있는 것은 주지의 사실이다. 바로 이런 현실에서 다산 사상은 우리가 실현해야 할 바람직한 사회적 통합의 원리에 대한 중요한 지침을 우리에게 제공해 주고 있는 것이다.

2장

다산의 시대와 삶

다산이 살았던 시대

 정약용이 살았던 시대는 18세기 후반에서 19세기 초반의 영조(英祖)·정조(正祖)·순조(純祖) 임금이 재위하던 기간으로서 조선후기 사회의 마지막 단계요, 조선 말기로 넘어가기 직전의 역사적 변동기라 할 수 있다. 이 시대는 전반적으로 안에서 그동안 누적된 사회적 내부 모순이 극심하게 드러나고 이를 극복하기 위해 여러 가지 대책이 모색되었던 시기요, 밖으로부터 서양문물이 전래되고 천주교 신앙이 전파되면서 조선사회의 전통체제를 근본적으로 동요시키는 외세의 영향이 가중되어 오던 시기였다. 이렇게 안팎으로 많은 문제들이 일어나면서 당시 지식인들의 현실 인식과 대응책이 여러 가지로 제시되어 사상사에서는 다양한 학풍이 일어나고 있던 시대이기도 했다. 따라서 이 시대의 사회 문제를 이해하기 위해서는 정치경제적으로 국가기강의 해이와 관료의 착취로 민생이 도탄에 빠진 현실, 종교적 환경으로서 유교적 신념과 천주교 신앙의 갈등 현상 및 학문적 분위기로서 다양한 학풍과 이론이 표출되는 사상적 다원화 현상의 세 가지 정황을 이해할 필요가 있다.

먼저 정치경제적 현실로서 당시 사회를 한마디로 말한다면 극심한 당쟁의 대립으로 분열의 골이 깊이 패였고, 관료의 부패와 혹독한 착취로 민생의 곤궁은 극한에 이르러 민란이 일어날 위태로운 상황이라고 하겠다.

16세기 말에 선비계급[士林]이 정치를 주도하게 되면서 당파의 분열이 시작되어 2백 년 동안 분열을 거듭되다가, 다산 당대에는 그 뿌리가 깊어져 국론이 분열되고 모함과 살육으로 권력투쟁이 계속되면서 국가기강이 무너지고 사회 전반에 모순과 폐단이 누적되어 불안과 동요가 심해져 가고 있었다.

정약용의 어린 시절인 18세기 중반에 영조 임금은 당쟁의 분열을 더 이상 방치할 수 없어 당파의 대립을 완화시키기 위해 탕평(蕩平)정책을 시행하여야 했다. 영조 임금은 노론과 소론을 함께 등용하여 어느 정도 표면적 대립을 완화시켰지만, 이미 당파적 분열의 뿌리가 너무 깊어서 근본적 해결을 할 수는 없었으며, 오히려 탕평정책으로 노론의 장기적 일당독재를 위한 기반을 더욱 튼튼하게 해주고 말았다.

정약용이 태어나던 1762년에는 이러한 당파적 대립 속에서 노론의 횡포를 혐오하던 세자, 곧 사도세자(思悼世子 : 뒤에 莊獻世子로 시호를 고침)가 왕명으로 죽임을 당하기에 이르렀다. 사도세자의 죽음에 따라 새로운 당파의 분열이 일어났는데, 사도세자의 죽음을 마땅하게 여기는 벽파(僻派)와 사도세자를 동정하는 시파(時派)로 갈라졌다. 대부분의 노론은 벽파에 속하였고 남인은 주로 시파에 속하였다. 정약용은 당파적 배경으로는 '남인 시파(南人時派)'에 속하였고, 서울 근처에 살았기 때문에 '기호남인(畿湖南人)'이라 일컬어지기도 한다.

영조는 세자를 죽여야 했지만 그 사도세자의 아들을 세손(世孫 : 뒷날 正祖)으로 삼았다. 영조의 세손은 벽파에 의해 세손 때부터 목숨을 위협 받는 상황에 처하였고, 왕위에 오른 뒤에도 실제로 시해하려는 역모가 일어났다. 이에 따라 정조는 자신을 호위하는 세력으로 '남인 시파'의 인물들을 끌어들였고, 정약용도 이러한 배경으로 정조의 측근에서 총애를 받고 활동할 수 있었다.

그러나 이 때문에 정조가 죽자마자 당시 집권세력이었던 노론 벽파에 의해 오랜 유배생활을 당해야 했던 것이다. 이러한 시대를 살면서 정약용은 당쟁의 폐단을 절실하게 경험하였으며, 그 경험에 입각하여 당파의 대립과정에서 의리를 명분으로 내세우지만 실제로는 파당이 권력을 독점하려는 탐욕일 뿐임을 신랄하게 지적하고 있다.

18세기 중반과 후반에 영조와 정조 두 임금은 당시 사회의 모순을 해결하여 나라를 중흥시키기 위해 많은 노력과 치적을 이루었다. 영조는 탕평책으로 당쟁을 완화시키고 균역법(均役法)을 시행하여 백성의 조세 부담을 줄였으며, 정조는 문예중흥을 일으켜 사회기풍을 바로잡기 위해 심혈을 기울였다.

그러나 당시 사회는 관료의 부패가 만연하여 그러한 부패와 착취의 구조를 개혁하여 민생을 구제하는 일은 지극히 어려운 문제였다. '전정(田政)'에서는 힘없는 백성의 토지에 과도한 세금이 부과되었고, '군정(軍政)'에서는 갓난아이나 죽은 자에게까지 군포(軍布)가 부과되었으며, '환곡(還穀)'은 빈민의 구제를 위해 곡식을 빌려주는 제도지만 고리대로 빈민을 착취하였다. 이처럼 지방 수령과 서리(胥吏)들의 부패와 착취로 인해 '삼정(三政)'이 극도로 문란해져서 민생은 도탄에 빠지고 백성들은 굶주림에 허덕이고 있는 실정이었다.

정약용은 당시 백성들의 참혹한 실정을 생생하게 그려내고 지방 수령과 아전들의 탐욕과 착취를 질타하는 사회 고발성 시를 지었다. 그가 백성을 다스리는 목민관(牧民官)인 수령의 책임과 역할을 규정하고 백성을 살려내기 위한 행정의 과제를 체계적으로 제시하는 경세학의 저술에 힘썼던 것은 바로 이 시대의 위태로운 사회적 병통을 고치기 위한 처방을 제시한 것이라 할 수 있다.

다음으로 종교적 환경으로서 당시의 시대적 상황은 조선사회를 주도하는 유교의 정통주의적 신념과 새로 전래한 천주교 신앙의 갈등이 노출되었던 때였다.

천주교 교리를 포함하는 서학 지식은 17세기 초부터 조선사회에 전래하기 시작하였다. 그러나 정약용이 청년시절인 18세기 후반 정조시절에 이르러 조선사회에 천주교 신앙집회가 열리고 천주교 신앙공동체가 형성되자 유교 전통을 지탱하는 유학자들과 격심한 충돌을 일으켰다. 정약용은 1784년 초기 천주교 신앙집회에 참여하였고, 이들은 대부분 정약용과 친분이 깊은 같은 학맥에 속하는 젊은 유학자들이었다. 천주교 신앙은 잇달아 중인층과 서민층 속으로 급속하게 확산되어 갔다.

새로 전래한 서양 종교인 천주교 신앙이 확산되어 가는 과정에서 천주교도들이 교회의 지시에 따라 조상제사를 거부하고 조상의 신주(神主)를 불태우면서 유교사회의 예법질서와 충돌하게 되자, 조선 정부는 천주교 신앙에 대해 금교령

(禁敎令)을 내려 불법화하고 엄격하게 억압하였다. 천주교도들은 지하 신앙활동을 계속하면서 서양의 무력을 끌어들여 조선 정부를 위협할 방책을 제기하여 조선 정부의 억압을 풀고자 하였다.

이에 맞서 조선 정부는 천주교도를 색출하여 처형하는 강경한 억압정책을 강화하였고, '순교(殉敎)'라 일컬어지는 많은 천주교도들의 희생이 잇달았다. 당시 천주교 신앙이 확산되어 갔던 현상은 조선사회 안에서 유교의 사회교화 기능이 한계에 이르렀다는 사실을 말해 주는 것이요, 그만큼 대중의 정신적 동요가 심화되었던 실정을 의미하는 것이다.

이 시대의 중요한 특징의 하나는 역사의 새 물결로서 '서세동점(西勢東漸)'의 현상에 따라 서양 세력의 진출이 유교문화의 동아시아 사회에 광범위하게 이루어져 유교이념의 전통체제를 그대로 지켜나가기가 어려운 현실이라는 점이다.

그러나 조선사회를 이끌어 가는 유교 지식인들은 유교의 정통성에 대한 확고한 신념을 가지고 있어 새로운 문물 수용에 무관심할 뿐만 아니라, 오직 서양의 새로운 문물과 종교에 완강하게 저항하며 전통을 고수하는 데 모든 힘을 기울였다. 이에 따라 조선사회는 유교 전통의 관습에 안주하여 서양문물을 폐쇄적으로 거부하기에 급급하였을 뿐이요, 새로운 시대 변화에 능동적으로 대응하는 적응력을 상실하였다. 조선

사회는 오히려 당시 사회체제의 질곡에서 벗어나려는 서민 대중 속에 천주교 신앙이 쉽게 파고들 수 있는 여건을 제공해 주었다고 할 수 있다. 그 결과로 그 시대에는 천주교 신앙이 확산될 수 있었고, 그 다음 시대에 동학을 비롯한 대중종교운동이 일어날 수 있는 길이 열린 것이 사실이다.

정약용은 이러한 폐쇄적 시대 분위기 속에서 서양 종교와 문물에 적극적 관심을 드러냈고, 이를 통해 유교이념을 새롭게 해석하여, 이 시대의 모순을 극복하고 다음 시대로 열린 자세를 보여 주었던 것이다.

나아가 학문적 분위기로서 당시 조선사회는 도학 전통의 보수적 유교 지식인이 지배하고 있었지만, 그 그늘 아래서는 이미 다양한 사상 조류와 이론이 활발하게 표출되어 사상적 다원화가 일어나고 있었다.

17, 18세기에 들어오면서 윤휴(白湖 尹鑴), 박세당(西溪 朴世堂), 정제두(霞谷 鄭齊斗) 등 소수의 유학자들은 '사문난적(斯文亂賊)'이라는 혹독한 억압을 무릅쓰고 도학의 정통 이념을 뒷받침하는 주자의 경전 해석을 벗어나는 새로운 경전 해석의 이론을 제기하기 시작하였다. 이 무렵 청나라에서 활발하게 일어난 고증학의 학풍은 경전 해석에서 문헌 고증적 검토를 엄밀하게 수행함으로써 주자의 이념적 해석을 비판할 수 있는 중요한 이론적 토대를 제공하였다. 이와 더불어

새로 전래한 서양 문물은 자연과학의 객관적 합리성과 생산기술의 효율성에서 유교전통의 이념적 사유체제에 대해 근본적 반성을 할 수 있는 길을 열어 주었다. 서양의 천문학은 전통적 우주론을 흔들어 놓았고, 지리적 지식은 중국 중심의 세계관에서 벗어나는 데 중요한 영향을 주었다. 홍대용(湛軒 洪大容)은 그 선구적 인물의 한 사람이다. 이들은 도학―주자학의 이념적 사유체계에서 벗어나 객관적 실증과 현실적 효용을 중시한다는 점에서 넓은 의미로 실학자들이라 할 수 있다.

당시 사회에서 실학자들은 소수에 불과하였고 사회적 영향력도 극히 미약하여 도학자들이 주도하는 사회체제에 별다른 충격을 주지는 못하였다. 그러나 이미 조선사회의 지식인들 속에는 도학의 이념체계에서 벗어나거나 정면으로 도전하는 양명학·고증학·서학을 포함하여 실학의 다양한 학문방법과 사상체계가 활발하게 일어나고 있었다. 이러한 사상적 분위기 속에서 정약용은 당시에 접할 수 있는 다양한 학문과 사상을 폭넓게 수용하고 자신의 실학사상으로 체계화함으로써 이 시대 실학사상을 집대성하는 역할을 하였던 것이다.

성장과정과 청년시절

정약용은 부친 정재원(荷石 丁載遠)과 모친 해남 윤씨(海南 尹氏) 사이에 1762년(영조 38) 6월 16일 서울에서 가까운 한강 강변의 마재(馬峴 : 현재 남양주시 조안면 능내리)에서 태어났다. 그는 어릴 때의 이름이 '귀농(歸農)'이었고, 자(字)는 미용(美庸) 또는 송보(頌甫)요, 호(號)는 삼미자(三眉子)·철마산초(鐵馬山樵)·다산(茶山)·열수(洌水)·열초(洌樵)·사암(俟菴) 등 여러 가지를 썼으며, 당호(堂號)는 여유당(與猶堂)이다. 본관은 나주(羅州 : 押海)다.

정약용의 선조를 살펴보면, 시조인 13대조 정윤종(巖隱 丁允宗)은 조선 왕조가 개국하자 황해도 백천(白川)에 은거하였고, 그 후손들은 벼슬에 나아가 그의 5대조 정시윤(斗湖 丁時

潤)에 이르기까지 8대가 잇달아 옥당(玉堂:弘文館)에 올라 대대로 학자들이 배출되었다. 5대조 정시윤은 만년에 남한강과 북한강이 만나는 근처로 '소내(苕川)'라고도 일컬어지는 '마재'에 터를 잡아 은거하였다. 정약용의 고조부와 증조부와 조부는 벼슬에 나가지 못하였고, 부친에 와서 다시 벼슬에 나갔다.

정약용의 부친은 대과(大科)에 급제하지 않았지만 영조 임금의 특별한 지시로 벼슬에 나아가, 연천현감, 화순현감, 예천군수 등 고을 수령을 지냈고, 조정에 들어와 호조좌랑(戶曹佐郎)과 한성서윤(漢城庶尹)을 지내고, 다시 수령으로 나가 울산부사를 거쳐 진주목사로 재임하는 도중 1792년 임지에서 세상을 떠났다. 정재원은 첫 부인 의령 남씨(宜寧 南氏)와 사이에 큰아들 약현(若鉉)을 두었고, 둘째 부인 해남 윤씨와 사이에 약전(若銓)·약종(若鍾)·약용(若鏞)의 3형제와 따님 한 분을 두었으니, 정약용은 형들 가운데서도 둘째형인 약전과 가장 친밀하였고 학문적 교류도 가장 깊었다.

정약용은 어려서 부친으로부터 글을 배웠으며 아홉 살 때 모친을 여의었다. 그는 어릴 때부터 재주가 총명하였을 뿐만 아니라 스스로 학업에 열중하여, 열 살 때는 옛 경전과 역사서를 모방하여 일년 동안 지은 글이 자신의 키만큼 쌓였다고 하며, 이때 지은 글을 모아 『삼미집(三眉集)』으로 묶었는데,

사람들의 기대가 컸다고 한다. 열세 살 때 두보(杜甫)의 시를 베껴놓고 그 운(韻)을 따라 수백 편의 시를 지어 어른들로부터 크게 칭찬을 받았다.

정약용의 외가는 조선후기에 예학의 대표적 인물이요 시가(詩歌)로 이름 높은 윤선도(孤山 尹善道)의 집안이다. 윤선도의 증손자인 윤두서(恭齋 尹斗緖)는 조선시대 화가로 이름났으며 특히 인물화에서 가장 유명하였는데, 바로 정약용의 외증조부다. 윤두서는 한국 회화사의 걸작인 자화상을 남겼는데, 정약용의 용모가 외증조인 윤두서의 모습과 닮았다고 한다. 정약용의 외갓집은 당시 전라도 진산(珍山 : 현재 충남 금산군 진산면) 땅에 있었다. 그의 외사촌형인 윤지충(尹持忠)은 서울에 올라왔다가 정약용 형제들을 통해 천주교 신앙에 깊이 빠져들었고, 1791년 제사를 폐지한 사건으로 처형되어 사회적으로 큰 물의를 일으켰던 일이 있다.

정약용의 외증조인 윤두서의 자화상

정약용은 자신의 집안을 화평한 인품과 학자의 가문이라 자부하였고, 외가 집안은 시와 서화의 예술적 정취가 있는 가문임을 자랑스러워했다. 바로 이 점에서 그 자신이 학자로서 정밀함과 예술가로서 풍부한 감성을 배양할 수 있었던 집안 배경을 엿볼 수 있다.

정약용은 정조 임금이 즉위하던 해인 1776년 열다섯 살의 소년으로 서울에 사는 홍화보(洪和輔)의 따님에게 장가들었다. 그는 장가를 들자 서울을 자주 드나들었고, 마침 그해에 부친도 호조좌랑으로 다시 벼슬에 나가게 되어 서울 명례방(明禮坊 : 현재 중구 명동)에 집을 구해 서울생활을 시작하였다.

서울에서 살면서 사람들과의 교류가 폭 넓어져, 누님의 남편인 여섯 살 위의 이승훈(蔓川 李承薰)과 큰형의 처남인 여덟 살 위의 이벽(曠菴 李檗)은 그와 가까운 친구가 되었고, 이승훈과 함께 이승훈의 외삼촌이며 이익(星湖 李瀷)의 종손(從孫)으로 당시 명망 높은 학자인 이가환(錦帶 李家煥)을 만났다. 그는 서울에서 이들과 만나면서 이익의 저술을 함께 읽고 토론하였으며, 이때부터 이익의 학맥인 성호학파의 학풍을 받아들이기 시작하였다. 정약용이 뒷날 "나의 큰 꿈은 성호를 따라 사숙하는 가운데 깨달은 것이 많았다"(정규영, 『사암선생연보』)고 토로하였던 사실을 보면, 이때 이익의 실학사상에 접하면서 그 자신의 학문적 방향을 찾아가게 되었음을 짐작할 수 있다.

16세 되던 가을에는 전라도 화순(和順)현감으로 부임하는 부친을 따라 화순으로 갔다. 이때 그보다 25세나 나이가 많은 박학한 선비인 조익현(曺翊鉉)은 아직 소년인 정약용을 한번 만나 경전과 문장을 토론해 보고 나서는 나이를 잊고 벗으로 사귀었다고 하니, 그가 얼마나 일찍 학문적으로 성숙했는지를 알 수 있다.

17세 때 겨울에는 둘째형 정약전과 함께 화순 읍에서 가까운 동림사(東林寺 : 萬淵寺 동쪽에 있었음)에 들어가 40일 동안 독서하였다. 이때 벌써 정약용이 『맹자』를 읽으며 옛 주석과 다른 독자적 해석을 하여 정약전이 감탄을 금치 못했다고 한다.

19세 때 봄에 부친이 경상도 예천(醴泉)군수로 전임되자, 정약용은 예천으로 부친을 찾아가는 길에 아내를 데리고 경상우도 병마절도사(兵馬節度使)로 진주에 주재하는 장인을 찾아뵈었던 일이 있다. 홍화보는 아직도 어린 사위를 위해 촉석루에서 성대한 연회를 베풀어 주었는데, 이때 정약용은 검무(劍舞)를 감상하고 춤을 춘 기생에게 시(「舞劍篇贈美人」)를 지어 주었던 일이 있다. 또한 홍화보는 영조 임금이 내려준 각궁(角弓)을 가보(家寶)로 간직하였는데, 이를 젊은 사위에게 물려주어 그의 깊은 사랑과 기대를 보여 주었다.

그는 예천에 와서 관아 안에 있는 반학정(伴鶴亭)에 머물렀다. 반학정은 귀신이 나온다 하여 폐허로 버려져 있던 외진

건물이었는데, 그는 "귀신이란 오로지 사람이 부르는 것이니, 내 마음에 귀신이 없으면 귀신이 어찌 스스로 올 것인가"라고 주장하여, 주위 사람들의 만류를 물리치고 반학정에서 혼자 지내며 오로지 독서에 전념하였다. 아직 열아홉의 어린 나이지만 이미 허황한 말에 동요하지 않는 강건한 기개와 식견을 보여 주고 있다. 이듬해 봄에 서울에 올라와 과거시험 공부를 하였다. 22세 때 봄 과거시험에서 소과(小科)에 합격하여 대학[太學 : 성균관]에 입학하였다.

대학생이었던 23세 때(1784) 정약용에게 그 평생 가장 큰 영향을 끼쳤던 사건이 일어났다. 그해 4월 정약용은 고향 마재에 내려가 큰형수의 제사를 지냈는데, 정약용의 친우인 이벽(李檗)이 바로 큰형수의 동생이었으므로 제사에 참석하였다. 서울로 돌아가는 길에 정약용과 둘째형 정약전은 이벽과 함께 배를 타고 한강을 따라 내려왔는데, 이때 배 안에서 이벽은 정약용 형제에게 천주교 교리를 설명하였다. 정약용은 이벽의 설명을 들었을 때의 감회에 대해, "배 안에서 천지가 창조되는 시초나

이벽

육신과 정신이 죽고 사는 이치를 들으니, 황홀하고 놀라워 마치 은하수가 끝이 없는 것 같았다"(「先仲氏墓誌銘」)고 언급하여, 얼마나 깊은 감동을 받았는지를 밝히고 있다. 이때부터 정약용 형제는 곧바로 천주교 신앙에 빠져들기 시작하였던 것이다.

또 한 가지 사건은 23세 때 여름 정조 임금이 대학생들에게 『중용』에 관해 70조목의 질문을 내려 답안을 올리게 한 것이다. 이때 정약용이 이벽과 토론을 거쳐 지었던 답안이 바로 정약용의 경학에 관한 처음 저술인 『중용강의』(뒷날 『中庸講義補』로 수정 보완함)이다. 이 저술은 마치 병아리가 알 껍질을 깨고 처음 나오듯이 정약용의 평생을 통해 다듬어 갔던 사상의 선명한 윤곽을 세상에 처음으로 보여 주는 작품이라 할 수 있다.

정조 임금은 정약용의 『중용강의』를 보고 "특이하다"고 평가하고 "식견 있는 선비"라 칭찬하였다. 실제로 정약용이 여기서 천명(天命)과 인성(人性)을 해석하거나, 인간과 사물의 본질적 차이를 밝히면서 주자의 성리학적 해석을 벗어난 독자적 해석을 하고 있다는 사실이 주목된다.

정약용은 23세 때부터 천주교 신앙에 빠져들게 되었는데, 그해 3월 마침 이승훈이 북경에 가서 영세를 받고 우리나라 최초의 천주교 신도로서 돌아오자, 이미 천주교 교리에 심취해 있던 이벽을 비롯한 정약전·약종·약용 형제와 권일신(權日身 : 權哲身의 아우) 등 청년 유교 지식인들이 이승훈에게 영세를 받고 신앙집회를 열었다.

이들의 신앙집회는 이듬해 봄 형조 관헌에 적발(乙巳秋曹摘發事件)되어 큰 물의를 일으키기 시작하였다. 이때 천주교 신앙집회에 참여한 사람들에게는 우선 가정에서 부형들의 엄중한 질책이 내려졌고, 이 중 몇은 배교를 선언하기도 하였다.

정약용은 26세 때 겨울에 대학(성균관) 근처의 민가에서 이승훈과 함께 과거 준비를 한다는 명목 아래 대학생 동료들을 끌어들여 천주교 교리를 공부하는 비밀강습회(丁未泮會事)를 열었던 일이 있는데, 이 모임도 동료 대학생인 홍낙안(洪樂安)에 의해 공개적으로 배척당하기도 하였다. 그는 "대학에 들어간 뒤로 이벽을 따라 천주교 교리를 듣고 천주교 서적을 보았으며, 정미년(1787) 이후 4, 5년 동안 자못 마음을 기울였는데, 신해년(1791) 이래로 나라의 금지령이 엄중하여 마침내 생각을 끊어 버렸다"(「自撰墓誌銘 壙中本」)고 스스로 밝혔다. 30세 때(1791) 그의 외사촌 윤지충이 천주교 신앙에 빠져 제사를 폐지한 일로 처형당한 사건 이전, 즉 정부에서 천주교에 대한 금교령을 내리기 전까지는 천주교 신앙을 지켰던 사실을 확인할 수 있다.

벼슬길에서 벌였던 활동

임금 측근의 궁정학자로서 이룬 업적

정약용은 대학생 시절 대학생들에게 시행하는 과거시험[泮製]에서 좋은 성적을 올려 정조 임금으로부터 종이와 붓과 서적 등 많은 상을 받았지만, 28세 때(1789) 3월에 비로소 대과(大科)에 급제하여 벼슬길에 나가게 되었다.

그의 관료생활은 28세 때 시작하여 39세(1800) 때 끝났으니 정조 임금의 후반기 12년 동안에 해당한다. 그는 벼슬길에서 정조 임금의 극진한 총애를 받으며 측근에서 활동하였다. 정조 임금은 그가 벼슬에 나오자 곧바로 규장각 '초계문신(抄啓文臣)'으로 발탁하였다. '초계문신'이란 정조 임금이 국가에 유용한 인재를 기르기 위해 젊고 학문적 자질이 뛰어

규장각(奎章閣)

난 관료를 선발하여 규장각에 소속시키고 경전의 강론과 학문의 연마에 더욱 깊이 정진하게 하는 제도이다. 그는 초계문신으로서 학문연마에 전념하였고, 매월 시험을 치르는 월과(月課)에서 다섯 번이나 수석을 차지하는 우수한 성적으로 말과 표범가죽 등 많은 상을 받았다.

그가 벼슬에 나가던 해 10월 정조 임금은 친아버지인 사도세자의 무덤을 수원[顯隆園]으로 이장하였는데, 이때 정조 임금이 한강을 건너기 위해 설치하는 배다리[舟橋]를 설계하는 막중한 임무가 그에게 주어졌다. 많은 민간의 배가 징발되고 서로 다른 크기의 배가 질서 있게 배열되어야 하는 복잡한 배다리 설치의 과제가 그에게 맡겨진 것은 그가 수학적 계산과 원리에 밝다는 사실을 일찍부터 인정받았기 때문일 것이다.

이듬해 29세 때(1790) 그는 한림(翰林)의 후보로 뽑혔고, 시험을 거쳐 예문관(藝文館) 검열(檢閱)에 임명되어 한림의 직책을 맡게 되었다. 그러나 이때 사헌부에서 한림의 선발과정을 두고 격식에 어긋나는 추천이었다는 비판을 하자, 그는 두 번이나 사직상소를 올리고 물러나서 임금이 여러 차례 불렀는데도 나가지 않았다. 이 때문에 그해 3월 정조 임금은 잠시 그를 해미(海美 : 현 충남 서산군 해미면)로 유배시켰다가 10일 만에 유배에서 풀어 주었다. 해미에서 돌아오는 길에 온양에서 온천을 하면서, 그는 노인들에게 30년 전(1760) 사도세자가 이곳에 왔을 때의 옛일을 물어서, 사도세자가 활을

해미읍성

쏘았던 곳에 심은 홰나무와 쌓았던 단이 무너져 있는 실정을 살펴보았다. 그가 사도세자의 유적에 관심을 보인 다음에야 관찰사의 보고가 조정에 올라오고, 정조 임금은 친아버지 사도세자의 사적을 기록한 비석을 세우게 하였다. 이 비석이 '영괴대(靈槐臺)'이다.

정약용은 조정에 돌아오자 다시 예문관 검열에 임명되고, 사간원 정언(正言)을 거쳐 사헌부 지평(持平 : 정5품)으로 승진되었다. 그는 사헌부 지평의 직책으로 훈련원에서 시행되는 무과(武科) 시험을 감찰하는 임무를 맡기도 했었다. 그는 무과 시험이 시행되는 과정을 살펴보고서 무예가 뛰어난 지방 출신 무사들에게 평가가 불리하게 적용되는 문제점을 지적하여, 지방 출신 무사들이 많이 합격할 수 있는 기회를 열어 주었다. 이처럼 그는 벼슬길에서 언제나 공정한 마음으로 국가를 위해 봉사하겠다는 자세를 확고하게 다짐했고, 이해관계에 얽혀 공정함을 잃는 폐단을 고치는 데 과감하였다.

임금이 직접 초계문신에게 시험을 보였던 월과의 답안 가운데 「지리책(地理策)」에서 그는 땅이 네모졌다는 '지방설(地方說)'이 잘못되고 땅이 둥글다는 '지원설(地圓說 : 地球說)'이 옳다는 것을 밝혔으며, 특히 우리나라의 역사 지리를 상세하게 고증하여 물산에 대한 세금제도나 방어를 위한 대책을 구체적으로 제시하였다.

또한 「인재책(人才策)」에서도 인재를 쓰는 데 전문성과 자질을 중시할 것을 요구하고 당파적 독점 현실을 비판하며, 신분에 따른 차별이나 지방에 따라 인재등용이 제한되는 폐단을 개혁할 것을 주장하였다. 여기서 그가 밝힌 견해는 이 시대의 우리 현실에서 개혁해야 할 당면과제와 그 개혁의 기초로서 현실인식을 분명하게 드러내는 실학정신의 발휘였다.

정약용이 30세 때(1791) 정조 임금은 『시경(詩經)』에 관해 800여 조목의 의문점을 제시하고 그에게 대답하게 하였다. 그는 60일 동안에 임금의 질문 항목에 대해 조목별로 대답하여 『시경강의(詩經講義)』를 저술하였다. 정조 임금은 그의 『시경강의』를 보고 책 끝에다 친필로 비답(批答)을 써서, 그의 폭넓은 고증과 정밀한 경전 해석을 극찬하여 격려해 주었다. 이처럼 그는 자신의 학문 형성 과정에서 정조 임금의 지

화성

도를 받았으며, 그 자신도 정조 임금이 자신을 가르친 스승이었음을 밝히고 있다.

31세 때(1392) 3월 그는 홍문관 수찬(弘文館 修撰)에 임명되었으나, 4월 초 진주목사로 있던 부친이 임지에서 세상을 떠나자, 진주로 달려가서 하담(荷潭 : 현 충북 중원군 금가면 하담리)의 선영(先塋) 아래에 장사지내고, 마재에 돌아와 거상(居喪)하였다.

그해 겨울 정조 임금은 상중에 있는 정약용에게 화성(華城 : 水原城)의 축성을 위한 설계와 공사를 위한 규정을 지어 올리라는 명령을 내렸다. 상중에 있는 신하에게 임무를 맡긴 것은 국가적인 중대한 일에 그 일을 담당할 다른 인물을 찾을 수 없었기 때문이요, 그에 대한 임금의 신임이 각별하였음을 엿볼 수 있는 대목이다.

정조에게 화성의 건설은 매우 중요한 의미를 지닌다. 정조는 억울하게 죽음을 당한 부친 사도세자를 위해 능을 수원의 화산(花山) 남쪽에다 이장하여 현륭원(顯隆園)으로 정비하고, 수원에 화성(華城)을 건설하여 뒷날 왕위를 세자(뒤에 순조)에게 물려주고 만년에 이곳 행궁(行宮)에 머물겠다는 계획을 하였던 것이다. 정조는 1794년부터 화성 건설에 착수하여 6km나 되는 성곽과 600여 간이나 되는 행궁의 공사를 2년 남짓한 기간에 마치고 1796년 10월 16일에 낙성을 축하하는 연회를 열었다.

정약용은 왕명을 받아 화성을 축조하기 위한 규제를 8조목으로 정리한 『성설(城說)』을 정조 임금께 올렸다. 여기서 그가 성곽의 건설을 위해 효율성을 극대화시키는 방법을 추구하였으며, 무엇보다 수리적 계량화를 함으로써 합리적 관리방법을 제시하였던 사실이 가장 돋보이는 점이다.

그는 3천6백 보에 이르는 성벽의 1층을 쌓는 데 3천6백 수레의 돌이 들고, 9층으로 쌓는 데 3만 2천4백 수레의 돌이 필요하며, 70대의 수레로 매일 3차례씩 돌을 운반한다면 154일이 걸린다고 계산하여, 수레를 기준으로 성곽 공사의 전체 과정을 계량화하여 소요되는 날짜와 인력과 경비를 제시하고 있었다.

그는 '유형거(游衡車)'라는 수레의 제작법을 제시하여 돌

기중기

을 쉽게 실어 나를 수 있게 하였고, 정조 임금이 제공해준 책, 곧 서양인 테렌즈(Terrenz, 鄧玉函)가 서양의 기계제도를 설명한 책인 『기기도설(奇器圖說)』에서 무거운 것을 들어올리는 기중(起重)의 방법을 연구하여 『기중가도설(起重架圖說)』을 지었으며, 소규모의 기중기를 만들어 성을 쌓기 위해 돌을 나르는 데 사용하여, 공사 비용과 공사 기간을 줄이는 데 큰 성과를 거두었다. 정조 임금은 화성의 축성공사를 마친 다음에 "다행히 기중가(起重架)를 써서 4만 냥의 비용을 줄였다"고 언급하여, 정약용의 공로를 칭찬하였다.

정약용은 조정에서 벼슬살이를 하며 서울에서 살 때 명례방(현 명동)에 있던 집의 뜰에 운치 있는 화단을 가꾸고, 가장자리에 굵은 대나무를 둘러친 난간 곧 '죽란(竹欄)'을 만들었다. 이에 자신의 집을 '죽란서옥(竹欄書屋)'이라 하였으며, 이 집에서 친우들과 어울려 시를 짓던 모임을 '죽란시사(竹欄詩社)'라 하였다. 그의 집에서 모인 '죽란시사'는 사대부의 시문학 전통을 계승하여 정조시대에 문풍(文風)을 보여주는 것으로 평가된다.

암행어사로 목도한 민생

33세 때(1794) 6월에 탈상하고 나서 다시 조정에 나왔다. 그해 10월 다시 홍문관 수찬에 임명되었는데, 이때 정조 임금은 정약용을 경기도 북부 지역인 적성·마전·연천·삭녕에 암행어사로 파견하여 수령들의 잘잘못을 규찰하고 흉년에 백성들의 괴로움을 살피게 하였다. 그는 암행어사로 나가 보름만에 임무를 마치고 돌아왔지만, 지방행정과 민생의 실상을 직접 보고, 그 대처방법을 진지하게 고민하는 소중한 기회를 얻었던 것이다.

정약용은 암행어사로 나가서 적성(積城: 현 파주군 적성면)의 시골 마을에 들어섰을 때 무엇보다도 참혹한 궁핍에 빠진 민생의 현실을 보고 충격을 받았다. 허물어져 가는 오두막집과 추수한 지 얼마 되지 않았는데도 벌써 며칠째 밥도 못 지어 먹는 백성들이 사방에 널려 있는 참혹한 현실을 지켜보면서, 그는 백성을 빈곤의 구렁텅이에 빠뜨린 원인이 바로 수령과 아전들의 착취에 있음을 꿰뚫어 보았다. 그는 백성들의 처참한 궁핍상을 목격하고 수령과 아전들의 혹독한 착취에 분노하여, 이 현실을 그림으로 그리듯 한 편의 시(「奉旨廉察到積城村舍作」)로 묘사하여 고발하였다.

이처럼 백성의 참혹한 현실과 관료의 포악한 착취를 직시하고 백성을 굶주림과 착취로부터 다시 살려내기 위한 대책을 찾는 것이 바로 그의 실학정신이 터져 나오는 출발점이요 그의 시대적 사명으로 각성되었던 것이다.

정약용은 암행어사로 나가서 임금의 총애와 왕실의 비호

를 믿고 제멋대로 백성들을 착취한 수령의 죄를 엄중하게 고발하였다. 그는 상소를 올려 "법의 적용은 마땅히 임금의 가까운 신하로부터 하여야 한다"고 주장하여, 임금 측근이 법을 지키지 않거나 법에 따라 처벌되지 않는다면 다른 관료들에게 법을 지키도록 요구할 수도 없고, 관료들의 불법을 처벌하여 국가의 법질서를 확고하게 세울 수도 없을 것임을 강조하였다. 이 상소에서 그는 "민생을 소중히 여기고 국법을 높일 것"을 주장하여, '민생'과 '국법'이 국가의 기강을 바로 세우는 근본강령임을 확인하고, 무엇보다 '민생'을 중시하고 '국법'을 존중함으로써 관리들의 착취를 근절시킬 수 있고, 관리들의 착취를 막아야만 백성을 도탄에서 구출할 수 있음을 역설하였다.

금정 찰방(金井察訪)으로 좌천되고 서학 관련의 비방에 변명하는 처지

34세 때(1795) 정월에 승정원 동부승지(同副承旨)에 임명되었다. 그해 2월에 정조 임금은 어머니 혜경궁 홍씨(惠慶宮洪氏)를 모시고 수원으로 사도세자의 무덤인 현륭원을 참배하러 갔는데, 이때 정약용을 병조 참의(參議)에 임명하여 수행하게 하였다. 이 무렵 그는 이가환 등 규장각 학사들과 더불어 화성의 규모와 제도를 기록한 『화성정리통고(華城整理通

攷)』를 편찬하였다.

그해 3월에 승정원 우부승지(右副承旨)에 임명되었으나, 이때 청나라 사람 주문모(周文謨) 신부가 입국하여 비밀리에 전교하는 사실이 드러나자, 천주교도에 대한 배척이 강화되고, 정약용에 대한 비난도 거세게 일어났다. 결국 그해 7월 정조 임금은 그를 정3품 당상관인 우부승지에서 종6품의 충청도 금정역 찰방으로 좌천시켜 지방으로 내려 보냈다.

정약용은 그 자신이 한때 천주교 신앙에 깊이 빠졌었고 그의 주위 친지들이 천주교 조직의 핵심 인물들이었다는 사실 때문에 관료생활을 하는 동안 반대파의 지속적인 공격을 받고 항상 위태로운 처지에 놓여 있었지만, 정조 임금의 강력한 보호를 받아 자리를 지켜오는 처지였다.

당시 지하 신앙활동을 하던 조선의 천주교도들은 중국 교회에 요청하여 1794년 12월 중국인 신부 주문모를 몰래 입국

명례방 신앙집회

시켜 서울에서 선교활동을 하게 하였다. 이 사실이 드러나자 정부에서는 주문모의 체포에 나섰으나 실패하였다.

당시 반대파에서는 정약용이 천주교집단과 깊이 연결되어 있다고 의심하였고, 그에 대한 비난과 압박이 가중되었던 것이다. 정조 임금이 측근 신하인 이가환과 정약용을 좌천시켜 내보냈던 것은, 당시 천주교 신도들이 많은 충주와 금정 지역에 나가서 천주교도들을 깨우치게 하는 공적을 이루어 비판의 표적에서 벗어나는 기회로 삼으라는 뜻을 담고 있었다.

정약용은 7월 26일 금정역(金井驛 : 현 청양군 남양면 금정리) 찰방으로 나갔다가 12월 20일 용양위(龍驤衛) 부사직(副司直)으로 다시 서울로 돌아왔으니 4개월 남짓 짧은 기간을 금정역에서 근무하였다. 그는 이 지역의 토호(土豪)들을 불러다 국가의 천주교 금교령을 설명하고 제사를 지내도록 타일렀으며, 천주교 신앙에 빠져 있던 이곳의 역리(驛吏)들을 깨우치는 공을 거두었다고 한다. 특히 그는 사람들을 모아 천주교를 사교(邪敎)로 배척하는 제사[斥邪之禊]를 베풀고 사람들에게 제사를 지내도록 권장하였으며, 또한 동정을 지킨다고 고집하는 여자 신도를 혼인시키기도 하였다.

당시 충청도에 천주교가 성행하였던 것은 이존창(李存昌)의 열성적인 전교 활동이 거둔 성과인데, 그해 겨울 이존창을 체포할 때 정약용도 참여하였다. 이 사실을 듣고 정조 임금은 새로 부임하는 충청감사에게 정약용이 이존창의 체포에 공이 컸음을 보고하도록 남몰래 지시하여, 천주교 신앙문제로 비난의 표적이 된 정약용을 다시 살려내어 측근에 불러들이고자 하였다. 그러나 정약용은 임금의 뜻에 감격해 하면서도, 이존창을 체포한 공을 내세워 출세할 의사가 없음을 분명하게 밝혔다.

그는 금정 찰방으로 있는 짧은 기간 동안 학문적으로 중요한 업적을 두 가지 이루었다. 그 하나는 그해 10월 예산에 사는 성호 이익의 종손으로 경학과 예학에 밝은 학자인 목재 이삼환(木齋 李森煥)을 모시고 십여 명의 선비들과 함께 온양의 봉곡사(鳳谷寺)에 모여 열흘 동안 낮에는 이익의 저술인 『가례질서(家禮疾書)』를 교정하고, 밤에는 토론을 벌여, 이른바 '서암강학회(西巖講學會)'를 열어 성호학파의 학풍을 일으켰던 것이요, 다른 하나는 매일 새벽 세수를 하고 나서 그해 겨울 이웃에서 빌려온 『퇴계집(退溪集)』에 실린 퇴계의 편지를 한 통씩 읽고, 오전에 공무를 처리한 다음 정오에 그 편지에 대한 감회를 적었던 일이다. 이 때 30통의 서한을 33조목으로 기술한 『도산사숙록(陶山私淑錄)』에서는 그가 퇴계를 얼마나 깊이 이해하고 절실하게 사모하였는지를 잘 드러내고 있다. 이 두 가지 일은 그가 금정에서 퇴계의 학풍에 깊이 침잠하였던 사실과 성호학파의 학풍을 진작시켰던 것으로서 그의 사상적 뿌리를 확인하는 데 매우 의미 깊은 일이다.

그는 서울에 돌아온 이듬해부터 다시 규장각에 나아가 『사기영선(史記英選)』을 교정하였고, 그 후 『춘추경전(春秋經傳)』을 교정하며, 『두시(杜詩)』(당나라 杜甫의 詩)와 『육시(陸詩)』(남송시대 육유(陸游)의 詩)를 교정하는 등 교정 활동에 활발히 참여하였던 것은 그가 정조 임금이 집행한 문예중흥운동의 하나인 편찬사업에서 핵심적 역할을 하고 있었음을 말해 주는 것이다.

36세 때(1797) 6월 다시 동부승지에 임명되었다. 그러나 그에 대한 비난이 끈질기게 따라붙었다. 그만큼 천주교를 배척하는 관료들의 입장에서는 천주교와 관련된 혐의를 지닌 인물이 임금의 측근에 자리잡고 있다는 것을 용납할 수 없었던 것이다.

이때 그는 반대파의 격심한 비난을 벗어나기 위해 동부승지를 사직하는 상소를 올리면서 자신에게 쏟아지고 있는 천주교와 관련된 비난을 공개적으로 해명하였다. 이것이 그가 올렸던 상소문 가운데서도 가장 유명한 「변방사동부승지소(辨謗辭同副承旨疏)」이다. 그는 이 상소에서 자신이 한때 천주교 신앙에 빠져들었던 사실을 솔직하게 시인하면서, 벼슬길에 나온 이후로 천주교를 버렸음을 천명하였으며, 자신이 사학(邪學)에 물들었다는 비난을 받는 만큼 벼슬에서 물러나는 것이 본인이 살 수 있는 길이라고 간곡하게 사직의 뜻을 밝혔다.

그는 자신이 젊었을 때 천주교 서적을 읽고 깊이 심취하였을 뿐만 아니라 남들에게 전파하는 데도 열심이었음을 밝히고, 자신의 마음속에 천주교 신앙이 깊이 젖어들고 뿌리내렸던 사실을 공개적으로 고백하였다. 그리고 과거시험 공부에 매달리고 벼슬길에 나오면서 천주교가 점점 마음에서 멀어져 갔고, 점차 천주교 교리가 인륜과 천리에 거스르는 것을 깨닫게 되었으며, 신해년(1791) 제사를 폐지하고 신주를 불태웠던 사건을 보고서 깊은 증오심을 갖게 되었다는 것을 지적하였다.

또한 그는 자신이 이제 천주교 신앙에서 손을 씻고 결백하다고 주장하면서, 그럼에도 불구하고 여전히 의심을 받고 있는 자신의 처지를 보아 벼슬에서 떠나고 싶다는 뜻을 밝히고 있다. 정조 임금은 이 상소를 받아보고서, 벼슬에서 물러나지 말고 직책을 수행하도록 명하였지만, 그가 아무리 천주교 신앙과 단절하였다는 주장을 하더라도 여전히 의심의 눈길이 사라지지 않는다는 사실을 그 자신도 알고 있었다.

곡산부사(谷山府使)로 실현한 목민관의 행정

정약용은 자신이 천주교와 단절하였음을 절실하게 해명하는 상소문을 올렸지만, 그 후에도 비난이 그치지 않았다. 그러자, 정조 임금은 잠시 공격을 누그러뜨리기 위해 36세 때 그를 황해도 곡산부사로 내보냈다. 그가 곡산부사로 나갔던 2년간, 그는 목민관으로 처음 한 고을을 맡게 된 것이요, 직접 한 고을의 피폐한 민생을 구제하고 누적된 폐단을 바로잡는 행정을 펼칠 수 있었던 소중한 기회를 얻은 것이었다.

정약용은 부임하는 길에서부터 목민관으로서 그의 신념과 자세를 분명하게 보여 주었다. 그가 곡산 땅에 들어서자 길가에서 이계심(李啓心)이라는 자가 백성의 고통을 12조목으로 적어 호소하는 글을 가지고 자수하였다. 앞서 전임 곡산부사 때 서리들이 농간을 부려 포군(砲軍)을 위한 세금으로 면포를 걷어야 하는데 그 대신에 돈으로 몇 배나 걷어들이자, 이계심이 백성들 천여 명을 이끌고 관아에 나와 항의하였던 일이 있었다. 관아에서 이계심을 붙잡아 형벌로 다스리려 하자 백성들에 둘러싸여 달아났는데, 오영(五營)의 군사를 동원해서 체포하려 하였으나 붙잡지 못하였다.

이때 곡산의 서리들은 자수한 이계심을 포박하여 끌고 가기를 청하였지만 정약용은 이를 거절하고, 이계심을 관아로

데려와서, "관청이 밝지 못하게 되는 까닭은 백성이 자신을 위해 도모하는 데 교묘하기만 하고, 폐단을 들어 관청에 대들지 않기 때문이다. 너 같은 사람은 관청에서 천금을 주고 사야 할 것이다"(「自撰墓誌銘 集中本」)라고 판결하여 석방하였다. 여기서 그는 백성들이 폐단을 고치기 위해 관청의 행정에 저항하는 태도가 오히려 관청이 밝은 행정을 하는 데 절실하게 필요한 일임을 강조함으로써, 관청이 백성 위에 군림하는 권위적 지배를 거부하고, 백성의 고통을 해결해 주고 살길을 열어 주는 것이 관청의 책임임을 확인하고 있다.

그가 곡산에 나가 목민관으로서 쌓은 치적은 바로 "백성을 위한 정치"가 과연 무엇인지를 실제로 보여 주는 것이었다. 그가 시행한 민생을 위한 행정은 크게 보면 제도의 합리적 정비와 행정의 합법적이고 효율적인 시행이라 할 수 있다.

먼저 민생을 위한 제도의 정비로서, 그는 척도의 기준인 자(尺)의 길이를 확정하여 백성들이 바치는 포목의 부담을 줄였으며, '가좌표(家坐表 : 砧基簿)'라는 호적일람표를 창안하여 아전들이 농간을 부릴 수 있는 여지를 원천적으로 막았고, 경위선(經緯線) 위에 지도를 그려 지역의 넓고 좁음과 백성의 허실을 정확히 파악하여 균평한 조세부과와 행정을 시행하였던 일을 들 수 있다.

또한 민생을 위한 행정을 효율적으로 시행하기 위해, 관청의 공금으로 평안도에 가서 면포를 싸게 사들여 정부에 세금으로 바치고 백성에게는 싼 값으로 분담시켰다. 그리고 호조판서가 곡산에서 양곡으로 바쳐야 할 세금을 시가의 두 배가 넘게 돈으로 바치도록 지시하자, 그는 백성들에게 쌀로 거두고 돈으로 바치기를 거부하여 민생을 위해 조정 대신의 지시에도 맞서는 태도를 보였다. 또한 이제까지, 공문에 규정된 것의 몇 배가 되는 꿀을 황해도 감영에 바쳐왔던 관례를 깨고 공문대로만 보내어 상급 관청의 요구도 거절하였다.

그는 백성들에게 부과되는 불합리한 부담에 대해 어떠한 상급기관의 압력에도 맞서 민생을 보호하는 목민관의 태도를 일관되게 지켰다. 이처럼 그가 목민관으로서 백성을 위한 정치를 베푸는 데 심혈을 기울이자, 오랫동안 착취에 허덕이던 백성들은 그 혜택을 받아 죽음에서 다시 살아난 듯한 기쁨을 누렸다고 한다. 이러한 목민관으로서의 실제 경험은 뒷날 『목민심서(牧民心書)』의 저술에서 목민관의 실무과제를 구체적이고 절실하게 제시하여 설득력 있게 논의하는 자산이 된다.

정약용은 곡산에 있는 동안 민생에 도움이 될 수 있는 중요한 저술 두 가지를 남기고 있다. 그 하나는 의학서적인 『마과회통(麻科會通)』으로 천연두의 치료법을 정리하여 저술한 것이다. 그 자신이 어린 자식 여섯을 잃었는데 대부분 천연두로 죽었다. 그리하여 일찍부터 천연두 치료법에 깊은 관심을 가지고 연구해 왔으며, 당시 천연두로 죽는 어린 아이들이 많았으니 그 치료법의 연구는 바로 백성을 구제하는 가장 큰 과제의 하나였다. 그는 사람의 생명을 살리는 것을 학문하는 목적으로 확인하였으며, 그가 종두법의 연구에 노력하였던 것도 바로 사람의 생명을 살리겠다는 뜻을 실행한 것이다.

다른 하나는 농업진흥을 위한 상소문인 「응지론농정소(應旨論農政疏)」로, 이는 정조 임금이 널리 농사에 관한 서적[農書]을 구하는 왕명을 내리자, 이에 응하여 올린 상소이다. 그는 이 상소에서 농업정책의 혁신할 방향을 집약하여, 기술계발로 농사를 편리하게 하는 '편농(便農)'과, 행정제도로서 농민을 이롭게 보호하는 '후농(厚農)'과, 농민의 사회적 신분을 높여 주는 '상농(上農)'의 세 가지를 기본강령으로 제시하였다.

정조 임금과 함께 끝난 벼슬길

정약용이 아직 곡산부사로 있던 38세 때(1799) 정월에 남인 시파의 영수요 정약용의 정치적 후견인이었던 재상 번암 채제공(樊巖 蔡濟恭)이 세상을 떠났다. 그해 4월 정조 임금은 그를 다시 조정에 불러올려, 형조 참의에 제수하였다. 그가 곡산부사로서 의심스러운 사건들을 명쾌하게 판결한 보고서를 살펴본 정조 임금이 그를 형조 참의로 불렀던 것이다. 임금은 그를 항상 밤늦도록 불러놓고 정치나 학문을 논의하여 각별하게 총애하였으니, 주위의 시기와 반대파의 공격이 더욱 날카로워지지 않을 수 없었다.

드디어 대사간 신헌조(申獻朝)는 임금 앞에서 이가환·권철신·정약종을 사학(邪學) 죄인으로 처벌하기를 요구하였다. 이미 오랜 세월 공격의 칼날을 갈아왔던 노론 벽파는 정조 측근의 남인 시파들이 지닌 가장 큰 약점인 천주교와 연관 문제를 정면으로 들고 나온 것이다.

정약용은 사직을 간청하는 상소를 올려, 젊은 날 자신의 허물이 빌미가 되어 당시 세상에 용납되지 않아 벼슬에 나온 이후 끊임없이 불안 속에 지내왔음을 털어놓는다. 또한 형제와 친지들이 모두 사교에 빠졌다는 죄명으로 얽혀 있어서 그 자신이 함정에 빠진 토끼나 그물에 갇힌 새의 신세가 되었고, 남들에게는 눈엣가시처럼 미움의 대상이 되었음을 밝히고 있다. 그러니 여기서 빠져나갈 수 있는 길은 벼슬에서 떠나 공격의 표적이 되지 않는 길밖에 없음을 호소하여 사직의 이유를 밝혔다. 그래도 정조 임금은 정약용을 놓아 보내지 않고 직무에 나오기를 엄하게 명령했지만, 정약용은 병을 핑계로 한 달 동안이나 직무에 나가지 않고 버텨서 겨우 벼슬에서 물러났다.

그해 10월 충청도에서는 천주교도들 사이에 침투하여 천주교도를 밀고하던 조화진(趙華鎭)이란 자가 이가환과 정약용 등이 남모르게 천주교를 주장하여 모역을 꾀한다고 무고하자, 충청도 관찰사가 비밀히 보고하였던 일이 있었다. 정조 임금은 그 보고 내용이 무고임을 바로 알고 충청도 관찰사를 엄중하게 문책하였지만, 정약용에 대한 비방의 파도는 갈수록 높아져 위태로운 정황에 이르게 되었던 것이다.

이듬해 39세 때(1800) 봄에 그는 시기와 배척의 칼날을 피하기 위해 벼슬에 더 이상 나가지 않으려는 뜻을 굳히고서 처자를 이끌고 고향 마재로 돌아왔다. 그러나 그가 고향에 내려갔다는 소식을 듣고 정조 임금은 그를 재촉하여 불렀다. 할 수 없이 다시 조정에 돌아왔지만, 그해 6월 28일 정조 임금이 갑자기 세상을 떠나고 말았다. 정조 임금의 죽음은 그에게 하늘이 무너지는 일이었다. 이제 그는 아무 미련 없이 서울을 떠나 고향으로 돌아갔지만, 벌써부터 노리고 있던 반대파에서는 정조가 붕어하자 더욱 급박하게 그를 공격해왔다.

유배지의 생활과 학문적 업적

신유교옥으로 일차 투옥과 장기(長鬐)의 유배생활

정약용은 39세 때(1800) 초여름 형조 참의에서 물러난 뒤 낙향할 뜻을 세워 처자를 데리고 고향으로 돌아왔던 일이 있다. 이때 그는 온갖 비방으로 소란한 세상에 대한 미련을 모두 훌훌 내던지고 고향으로 돌아와서 물을 벗 삼아 살아갈 계획을 세웠다. 그래서 그는 당나라 때 은사(隱士) 장지화(張志和)가 자신의 호(號)를 안개와 물결 속에 낚시하는 늙은이라는 뜻으로 '연파조수(烟波釣叟)'라 지었던 옛일을 모방하여, 몇 년 전부터 자신이 생활할 작은 배에다 '소상연파조수지가(苕上烟波釣叟之家)'라 이름을 붙이고 그 배의 이름을 목판에 새겨 간직해왔다. 그런데 그가 고향에 내려갔다는 소식을

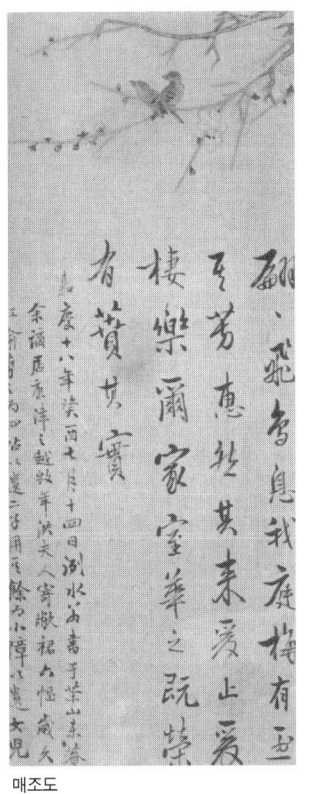
매조도

들자 정조 임금이 다시 불러들이니 할 수 없이 그는 배에다 현판을 걸어 보지도 못하고, 그 현판을 자신의 집에 있는 정자에다 걸어둔 채 서울로 올라갔던 일이 있다.

정약용은 정조 임금이 붕어하고 그해 겨울 처자를 이끌고 고향으로 돌아오자, 고향집의 당호(堂號)를 '여유당(與猶堂)'이라 지어서 붙였다. '여유(與猶)'라는 말은 『노자』의 "망설임이여, 겨울에 시냇물을 건너듯 하고, 경계함이여, 사방에서 엿보는 것을 두려워하듯 한다(與兮若冬涉川, 猶兮若畏四隣)"는 말에서 끌어온 것인데, 그가 이 세상을 살얼음판을 걷듯이 조심하고 적대적 시선의 감시 아래 두려워하며 살아갈 수밖에 없었던 처지를 생생하게 보여주고 있다. 이때 그는 그동안 정조 임금에게 올리려고 『문헌비고(文獻備考)』의 오류를 바로잡던 교정 작업을 마쳐 『문헌비

여유당 현판

고간오(文獻備考刊誤)』 1권을 완성하였다.

다산의 나이 40세 때(1801 : 신유년)는 정조가 세상을 떠난 다음해로 오랫동안 속으로 들끓고 있던 천주교 배척의 요구가 대폭발을 일으켜 신유교옥(辛酉敎獄)이 일어났다. 정조 임금이 재위하고 있는 동안은 조선 정부가 비록 천주교를 금지하는 금교령을 내렸음에도 불구하고, 천주교에 대한 금지정책은 매우 온건한 것이었다. 그러나 정부의 금교정책에도 불구하고 천주교의 교세가 날로 확장되어 가고 국내의 천주교도들이 1794년 중국인 신부 주문모를 불러들이면서 천주교를 위험시하는 조선 정부의 입장도 더욱 강화되어 갔고, 유교 지식인 관료들의 천주교에 대한 배척도 더욱 심화되어 갔다.

1800년 12월 19일 밤, 서울의 장흥동(長興洞 : 현 종로구 적선동과 내자동에 걸쳐 있었음)에서 열린 천주교 신앙집회가 형조 나졸들에게 적발되었다. 이때부터 천주교도들을 잡아들이기 시작하여 좌우 포도청의 감옥이 가득 차게 되었다.

이듬해 1월 10일 12세밖에 되지 않은 순조 임금의 뒤에서 수렴청정(垂簾聽政)하던 정순대비(貞純大妃 : 영조의 계비(繼妃) 김씨)는 오가작통(五家作統)의 법을 실시하여 천주교도를 일망타진하겠다는 결의로 전교(傳敎)를 내렸다.

바로 이때 정약용의 셋째형 정약종은 천주교도의 조직인 명도회(明道會) 회장으로 서울에 숨어서 전교활동을 하다가 정부의 수색이 심해지자 시골로 은신할 계획으로 그동안 가지고 있던 천주교의 성상(聖像)이나 서적들을 큰 상자에 담아서 솔잎으로 덮어 나뭇짐처럼 위장하여 사람을 시켜 나르게 하였다. 그런데 이 책 상자가 서울거리에서 적발되어 압수당하는 이른바 '책롱(册籠)사건'이 터졌다. 이 책 상자 속에서 주문모 신부의 편지를 비롯하여 천주교도들 사이에 왕래하던 편지들이 많이 나와서 천주교도 수색의 불길에 기름을 끼얹는 계기가 되었다.

이어서 사헌부에서는 이가환·이승훈·정약용의 죄가 죽여야 마땅하다 하고, 이들 셋이 사학의 소굴을 이루고 사학의 뿌리가 되었다 하여 의금부에서 국문(鞫問)하기를 요구했다. 정약용은 2월 9일에 의금부 감옥에 투옥되어 국문을 받았다. 이때 이가환·이승훈·권철신·오석충·홍낙민 등 친지들과 정약전·정약종 두 형도 모두 잇달아 투옥되었다.

국문에 참여하였던 대사간 신봉조는 상소문을 올리면서 이가환·정약용·이승훈 등에 대해 곤장을 맞으면서도 천주교도로 활동한 사실을 자복하지 않는 흉악한 무리라고 격렬하게 비난하였다. 그러나 다행스럽게도 정약종의 책 상자 속에서 나온 편지에서 정약용이 천주교도로 활동하지 않고 있다는 증거가 나왔다. 이에 따라 2월 26일에 판결이 내려질 때 이가환과 권철신은 먼저 곤장을 맞아 죽었고, 이승훈과 정약종은 처형이 확정되었지만, 정약전과 정약용 형제는 죽음을 면제받았다. 그리하여 정약전은 신지도(薪智島 : 당시 강진군에 속했으나 지금은 전남 완도군에 속함)로 유배되고, 정약용은 장기현(長鬐縣 : 현 경북 포항시 장기면)으로 유배되었다.

1801년 2월 27일 밤에 감옥에서 풀려나와 이튿날 유배 길에 올라 3월 9일에 경상도 장기에 도착하였다. 그 이튿날부

장기 유배지 자리의 기념비

산수도

터 성문 동쪽(현재 포항시 장기면 마현리) 시냇가 자갈밭에 있는 늙은 장교의 집에 거처를 정하고 머물렀다. 그는 외진 유배지인 장기에서 심한 고독감으로 시달렸지만, 이를 극복하면서 주위의 자연을 감상하고 서민생활을 관찰하여 시를 읊기도 하였으며, 몇 권 안 되는 책을 이용하여 마음을 가라앉히고 저술하는 데 열정을 기울였다.

정약용은 40세 때인 1801년 3월 9일 장기에 도착하여 10월20일 다시 체포될 때까지 7개월 남짓한 기간 장기에 머물고 있었는데, 이 짧은 기간 동안 참고할 책도 거의 없는 상황에서 그는 자신의 학문체계에 매우 의미 있는 중요한 저술을 남겼다. 고증학을 기초로 하여, 문자학 저술을 비롯하여, 성리설과 예설에 관한 저술 및 의학서의 저술까지 이 시기에 남기고 있다. 그 밖에도 민속과 서민생활에 대해 읊은 소중한 작품들을 남겼으니, 짧은 기간 동안에 잠시도 허송세월을 하지 않았음을 보여 준다.

그는 장기에서 한문의 옛 문자학 저술을 고증하여 『삼창고훈(三倉詁訓)』과 『이아술(爾雅述)』 6권을 저술하였다. 문자학은 문헌의 객관적 고증을 위한 기초로 청나라 고증학에서 중시되었던 영역이다. 그러나 이 두 저술은 그해 겨울 두 번째 투옥되었을 때 잃어버리고 말았다. 그해 여름 그는 「이발기발변(理發氣發辨)」 2편을 저술하였다. 여기서 그는 심성에 대한 해석에서 갈라져 대립하고 있는 퇴계와 율곡의 두 견해를 지양할 수 있는 새로운 포괄적 시야를 제시해 주고 있는데, 이는 매우 간략한 논변이지만 성리학의 역사에 새로운 획을 긋는 중요한 의미를 지니고 있는 것이다.

또한 그는 예학의 문제에 주의를 기울여 그해 가을, 기해예송(己亥禮訟 : 1659)에서 효종의 국상 때 조 대비의 복상 기간 문제에 얽힌 의례 논쟁에 대한 이론적 변증을 하여 「기해방례변(己亥邦禮辨)」을 저술하였다. 이 저술도 두 번째 투옥 때 잃어버렸는데, 그 후 다시 저술한 것이 남아 있다.

그는 고향에서 아들이 보내준 의학서적 수십 권을 읽으면서, 당시 장기의 서민들이 의술의 혜택을 거의 받지 못하는 형편을 보고서, 백성들의 인명을 구하는 방책으로 『촌병혹치(村病或治)』라는 40여 장 분량의 간결하고 실용적인 의학서적을 편찬하였다. 이 책도 현재 서문 이외에는 남아 있지 않다. 약재를 선택할 때 희귀한 약품을 빼고, 서민들이 약초의 이름을 잘 알거나 쉽게 구할 수 있는 것을 선택하여, 시골에서 서민들이 쉽게 활용할 수 있는 실질적인 처방체계를 제시하였던 귀중한 의학서로 짐작된다.

특히 그는 황량하고 궁벽한 해변의 유배지에서 외로움을 달래며 많은 시를 지었는데, 그 가운데도 「기성잡시(鬐城雜詩)」와 「장기농가(長鬐農歌)」 등은 이곳의 풍광과 서민생활을 생생하게 그려놓은 시들이다.

두 번째 투옥과 강진에서 유배생활

1801년 여름에 그동안 도망 다니던 중국인 신부 주문모가 자수하여 잡혔으며, 그해 9월에는 황사영의 이른바 「백서(帛書)」가 발각되고, 10월 3일 충청도 제천의 산속에 숨어 있던 황사영이 체포되었다. 이 때문에 신유교옥의 2차 옥사가 일어났다. 황사영의 「백서」는 천주교 신도들의 신앙활동과 신유교옥에서 희생된 신도들의 행적을 소상하게 기록하여 북경의 천주교회 주교에게 보고하면서, 아울러 중국 정부와 서양의 힘을 빌어 조선 정부를 압박하는 방안을 북경 교회에 제안하여 조선 정부의 천주교 금압정책을 해소시키고 신앙의 자유를 얻을 수 있도록 청원한 것이다. 여기서 황사영이 신앙의 자유를 얻기 위해 조선 정부를 압박하려는 방책은 조선 정부의 입장에서 보면 국가의 존립을 위협하는 반역적 행위로 인식하지 않을 수 없는 것이다.

황사영이 북경 주교에게 청원한 방책은 조선을 청나라에 병합시키거나 실질적으로 예속시키게 하자는 것이요, 서양의 군함에 군대와 대포를 싣고 와서 무력 위협을 하자는 것이었다. 이 세 가지는 모두 천주교 신앙의 자유를 위해서라면 국가의 존립을 위협하는 반역행위도 서슴지 않겠다는 것이다. 이에 대해 조선 정부는 황사영을 대역부도(大逆不道)한 죄로 처형을 판결하면서 「백서」에서 제시한 방책에 대해 그 죄악을 격심한 분노로 표현하고 있다.

황사영은 정약용의 큰형 정약현의 사위로 정약용에게는 조카사위였으니, 황사영이 체포되자, 그는 장기에서 서울로 끌려와 10월 27일 의금부에 두 번째로 투옥되었다. 심문을 해본 결과 정약전과 정약용이 황사영과 내통한 흔적이 없었음이 밝혀졌지만, 그를 사교의 원흉으로 지목하여 죽여야 한다는 주장이 만만치 않았다. 이때 황해도 관찰사로 나갔다가 서울로 올라온 정일환(鄭日煥)은 곡산에서 정약용이 목민관으로 끼친 선정(善政)을 들어 정약용을 죽일 수는 없다고 변호하였다. 그해 11월 5일 다시 정약전은 나주 흑산도로 유배되고 정약용은 강진현(康津縣)으로 유배되어 함께 유배지로 길을 떠났다.

그가 유배지 강진에 도착한 것은 1801년 11월 말이었다. 강진 사람들은 유배된 죄인을 싫어하여 그를 받아주려 하지 않았지만, 동문 밖 주막의 노파가 받아 주어 소란스러운 주막의 뒷골방을 겨우 빌어 들어갈 수 있었다.

그는 40세 때부터 57세까지 18년 동안의 오랜 세월을 강진에서 유배생활을 했는데, 이 시기는 불운한 그늘이 그를 덮고 있었다. 그를 주목하는 감시의 눈은 심하였고, 도착한 이듬해 강진현감 이안묵(李安默)은 그가 임금을 원망한다고 무고하여, 또 한 차례의 위기를 겪었으나 증거가 없어 무사히 해결되었다. 이안묵은 그가 신유교옥으로 체포되어 국문을 당할 때 문사랑(問事郞 : 죄인의 심문기록을 작성하여 읽어 주는 서기)으로 심문에 참여했으니, 그의 죄목과 실상을 가장 잘 알고 있는 인물이었을 터인데도, 이렇게 그를 핍박하는 데 가담하였다. 당시 그의 처지가 매우 불안하였음을 엿볼 수 있는 대목이다.

정약용은 강진에서 유배생활을 하는 동안 몇 차례 풀려날 기회가 있었지만, 그때마다 반대파의 저지로 이루어지지 않았다. 그 첫 번째는 42세 때(1803) 대왕대비(정순왕후 김씨)의 특명으로 석방될 뻔했는데, 서용보가 저지하여 풀려날 수 없었다. 두 번째는 49세 때(1810) 큰아들 정학연(丁學淵)이

순조 임금의 능행(陵行) 길에 징을 쳐서 부친의 억울함을 호소하여 그를 고향으로 돌려보내도록 임금이 허락을 내렸지만, 반대파의 저지로 실현되지 못했다. 세 번째는 53세 때 (1814) 사헌부 장령(掌令) 조장한(趙章漢)의 요청으로 의금부에서 석방시키는 공문을 보내려 하였으나, 또다시 반대파에 의해 저지되고 말았다. 그는 자신의 유배생활이 외롭고 고통스럽더라도 지조를 잃지 않겠다는 신념을 밝히고, 유배생활이 계속되더라도 이를 천명으로 받아들여 순응하겠다는 자세로 마음의 평정을 얻었다.

정약용이 강진에서 유배생활을 하던 18년 동안 거처하였던 곳은 네 곳이다. 유배 초기에는 성 동문 밖 노파의 주막집 골방에 몸을 의탁했다. 그는 자신이 머물던 주막집을 처음에 '동천여사(東泉旅舍)'라 일컬어왔는데, 42세 때 동짓날 그는 생각을 담백하게 하고 외모를 장엄하게 하고 언어를 과묵하게 하고 행동을 신중하게 하겠다는 뜻을 취해 머물고 있는 주막집에 '사의재(四宜齋)'라 이름을 붙였다. 주막집이었으니 누추하고 소란하였겠지만, 그는 이곳에서 유배생활의 모든 번민을 떨쳐버리고 독서와 저술에 열중하였다.

강진에 온 다음해에 강진 앞바다의 고이도(皐夷島 : 현 완도군 고금면 고금도)에 유배되었다가 돌아가는 교리(校理) 김이재(金履載)가 찾아왔다가 그에 대한 감시가 너무 심한 점을 강력하게 지적하여 이때부터 서리들의 감시가 많이 풀리게 되었다.

두 번째 거처로 44세 때 겨울 강진으로 찾아온 큰아들 정학연을 데리고 가까운 보은산방(寶恩山房 : 高聲寺)에 머물면서 『주역』과 『예기』를 가르쳤다. 세 번째 거처로서 그는 45세 때 가을 읍내 남쪽의 목리(牧里)에 있던 제자 이청(李晴)의 집으로 옮겨서 머물게 되었다. 그리고 이청의 집에서 겨울을 두 번 넘겼다. 네 번째로 47세 때(1808) 봄에 강진 읍에서 서남쪽으로 20리쯤 떨어진 다산(茶山)의 귤동(橘洞 : 현 강진군 도암면 만덕리)에 있는 그의 외가 친척인 윤단(尹慱)의 산정(山亭)으로 옮겨서 자리잡았다. 이곳 윤단의 산정이 바로 그가 강진의 유배생활 후반부 10년을 머물렀던 다산초당(茶山草堂)이다. 그는 이곳에서 제자를 가르치고 저술에 몰두하여 자신의 생애 중 학문적으로 가장 빛나고 풍성한 수확을 거둘 수 있었다.

다산초당에서 이룬 학문적 업적

정약용은 47세 때부터 다산초당으로 옮겼는데, 그곳의 차나무나 멀리 강진 포구의 경치와 가까이 담장 안 꽃들을 사랑하며, 마음의 평정을 누리고 독서와 저술에 심혈을 기울였다. 이듬해 봄에 그는 다산초당 주변에 꽃나무를 심고 연못을 파

다산 초당(茶山草堂)

고 채마밭을 꾸며 운치 있는 생활의 터를 가꾸었다.

정약용은 강진에 온 뒤로도 이곳 농촌이나 어촌의 서민생활을 세심하게 관찰하고 그 풍물을 그림처럼 그리며, 그 삶의 고통을 깊은 연민으로 이해하고 수령이나 서리(胥吏)의 탐학으로 고통 받는 실상을 북받치는 의분으로 고발하는 많은 시를 남기고 있다.

그는 농민이나 어민의 힘겨운 생활을 파고드는 서리들의 혹독한 착취의 실상을 속속들이 드러내고, 이 세상에서 아무런 희망도 찾을 길 없고 오직 하늘을 향해 울부짖으며 원망하는 수밖에 없는 절망적 현실을 고발하면서, 썩을 대로 썩은 나라를 한꺼번에 쓸어내고 싶다는 혁명의 꿈과, 아무런 방책이 없다는 좌절감이 뒤엉켜 간장이 타들어가고 있음을 토로하기도 하였다. 이처럼 그의 시 속에서도 먼 변방에 던져진 유배 죄인으로 자신의 불운을 탄식하였던 것이 아니라, 속속들이 썩어가는 나라를 근심하고 절망적 고통 속에 허덕이는 백성을 걱정하는 의로운 지성인의 모습을 생생하게 읽을 수 있다.

정약용은 강진에서 독서와 저술을 하는 동시에 제자들을 가르치는 데 많은 정성을 기울였다. 그가 강진 읍내에 머물던 초기의 8년 동안에는 주로 아전들의 자제들이 그의 문하로 글을 배우러 나왔다. 그러나 47세 때(1808) 봄에 그가 다산초당으로 옮겨간 이후 10년 동안의 후반기 제자들인 이른바 '다산제생(茶山諸生)' 18명은 그의 외가의 친척들을 중심으로 하는 사대부집안 자제들이었다. 그가 제자들에게 훈계하였던 기본입장은 생업으로 생활기반을 확보하고 독서로 인격향상을 추구하는 일을 병행할 것을 강조하는 것이었다.

정약용은 강진 읍내 주막집에 머물 때인 1804년 봄에 아동들을 가르치기 위한 교과서로 『아학편(兒學編)』(兒學編訓義)을 지었으며, 1805년 겨울 보은산방에서 큰아들 정학연과 제자들에게 『역』과 『예』를 가르쳤는데, 이때 예법에 관한 질문에 대답한 내용을 기록하여 『예의문답(禮疑問答)』으로 편찬하였고, 1808년 봄 다산초당에서 제자들에게 『주역』을 가르치면서 질문에 대답한 것을 『다산문답(茶山問答)』으로 편찬하였다. 또한 그가 다산초당에서 저술을 할 때는 제자들이 자료조사나 필사 등에 직접 참여하게 하여, 제자들에게 당대 최고 학자의 창의적 저술에 직접 참여할 수 있는 기회를 제공해 주었다.

정약용은 18년간의 유배기간을 하늘이 그에게 학문에 깊이 침잠할 수 있도록 내려준 기회로 받아들이고 자신의 모든 정열을 기울여 경학과 예학 및 경세론을 중심으로 한국사상사에서 가장 방대하고 창의적인 학문적 업적을 이루었다.

그는 강진에 도착한 이후 상례(喪禮)에 관한 연구에 집중하기 시작하여 1803년 봄에 『단궁잠오(檀弓箴誤)』 6권을 저술하고, 1811년 『상례사전(喪禮四箋)』 50권과 『상례외편(喪禮外編)』 12권을 저술하였다. 그는 예학 연구를 시작하면서 뒤이어 『주역』 연구에도 착수하여, 1804년 겨울에 『주역사전(周易四箋)』의 초고본을 이루었고, 이듬해부터 해마다 대폭 수정하여 네 번의 개고(改稿)를 거쳐 1808년 완성하였다. 그는 『주역사전』 24권의 저술을 하늘의 도움으로 가능한 일이었다고 강조할 만큼 역(易) 해석의 새로운 영역을 열어 놓은 것으로 자부하고 있다. 그는 자신의 많은 저술 가운데서도 특히 『상례사전』과 『주역사전』을 자신의 생명처럼 소중하게 여겨, 두 아들에게 이 두 저술을 계승해 줄 것을 간곡하게 당부하기도 하였다.

다산초당에서 그는 경전 연구에 혼신의 힘을 기울였다.

'육경(六經)'에 관련하여 역학 연구로서 『역학서언(易學緒言)』 12권을 저술하고, 예학에 관련하여 『제례고정(祭禮考定)』 2권과 『상의절요(喪儀節要)』 6권 및 관례와 혼례의 절차를 규정한 『가례작의(嘉禮酌儀)』 1권을 이어서 저술해 갔다. 이와 더불어 그는 젊은 날 정조 임금의 『시경』에 관한 질문에 대답한 저술을 다듬어 『시경강의(詩經講義)』 12권을 마무리하고, 『시경강의보(詩經講義補)』 3권을 보완하였으며, 『서경』의 해석에 관해 고증학적 연구로서 『매씨서평(梅氏書平)』 9권과 『상서고훈수략(尙書古訓蒐略)』 6권 및 『상서지원록(尙書知遠錄)』 7권을 저술하고, 아동의 학습을 위한 저술로 『소학주관(小學珠串)』 3권을 저술하였다. 이어서 『춘추』를 중심으로 주(周)나라 시대의 국가 제사 의례를 고증한 『춘추고징(春秋考徵)』 10권을 저술하였다. 또한 공자가 편찬하였다는 '육경' 가운데 전해지지 않는 음악에 관한 '악경(樂經)'의 모습을 복원하기 위한 작업으로 『악서고존(樂書孤存)』 12권을 저술함으로써 '육경'의 경학연구를 완성하였다.

'사서(四書)'의 해석으로 그는 『논어』에 관한 다양한 주석을 종합하고 비판적으로 검토하여 『논어고금주(論語古今註)』 40권을 저술하고, 이어서 『맹자요의(孟子要義)』 9권과, 『대학공의(大學公議)』 3권, 『중용자잠(中庸自箴)』 3권을 저술하였으며, 1784년 대학생시절에 정조 임금에게 올렸던 『중용강의』를 30년 만에 수정하고 보완하여 『중용강의보(中庸講義補)』 6권을 저술함으로써 '사서'의 주석을 마무리하였다.

그는 54세 때(1815) '육경'과 '사서'의 경전 해석을 일 단계 마무리 한 다음에 주자가 편찬한 『소학』을 주석하여 『소학지언(小學枝言)』 1권과, 진덕수(眞德秀)가 편찬한 『심경』을 주석하여 『심경밀험(心經密驗)』 1권을 저술하였다.

그는 다산초당에서 경학 연구에 집중하면서도 관심의 폭을 넓혀 우리의 역사 지리와 국토방어 문제에 관련하여 중요한 저술을 이루었다. 1811년 우리 역사 지리연구의 중요한 업적인 『아방강역고(我邦疆域考)』를 저술하고, 이듬해에는 우리나라의 국토방어 정책에 관한 『민보의(民堡議)』를 저술하였다. 1814년에는 우리나라의 강에 대한 역사 지리적 연구로서 『대동수경(大東水經)』을 저술함으로써 국학(한국학)의 영역을 넓혀갔다.

그는 다산초당에서 육경과 사서의 경전 주석을 완성하고 나서 경세학의 저술에 착수하였다. 56세 때(1817) 국가경영의 제도를 체계적으로 구성하는 『경세유표(經世遺表)』의 저술을 시작하여 완성하지는 못하였지만 48권으로 이루었으며, 57세 때 목민관의 기본강령과 행정사무를 구체적으로 제시한

『목민심서(牧民心書)』48권의 저술을 마쳤다. 그리고 나자 마침내 유배에서 풀려나 그해 8월에 고향으로 돌아왔다.

정약용이 다산초당에서 완성한 저술은 경전과 직접 연관된 것이 232권이요, 경세론의 저술이 96권으로 합치면 328권에 이르니 거대한 학문의 탑을 이루었다. 더구나 그의 경전해석이 열어준 정밀한 고증과 창의적 사유세계와 그의 경세학이 제시한 구체적인 제도개혁의 정신은 한국사상사에 하나의 우뚝한 산봉우리로 솟아올랐다고 할 수 있다.

만년의 생활과 학문적 교류

유배에서 풀려난 만년의 생활

　57세 때(1818) 9월 정약용은 18년 동안 강진의 유배생활을 끝내고 마침내 고향에 돌아왔다. 이듬해 조정에서 정약용에게 다시 벼슬을 주어 토지측량의 직책을 맡기려고 의논이 정해졌는데, 이번에도 반대파에 의해 저지되었다.

　그 후에도 그의 의술(醫術)에 관한 해박함이 널리 알려져 두 번이나 조정의 부름을 받았던 일이 있었다. 첫 번째는 69세 때(1830) 세자(뒷날 익종(翼宗)으로 추존)가 병이 위독하지, 정약용에게 **부호군**(副護軍)의 직첩을 내려 불러들였는데, 그가 세자를 진맥하고 약을 구하려고 나온 뒤에 세자가 세상을 뜨고 말았다. 두 번째는 73세 때(1834) 순조 임금이 위독하여 그를 불러들였지만, 대궐문 앞에 도착했을 때 이미 순조가 세상을 떠난 뒤였으니, 두 번 모두 아무 성과를 거두지 못하고 끝났다.

그는 고향에 돌아온 뒤로 옛 벗들을 만나 회포를 풀고 산수를 노닐며 유배지에서 누적된 심신의 피로를 풀었다. 독서하고 저술을 하는 여가에 이가환·이기양·권철신·오석충·정약전 등 그가 젊은 날 따르던 선배들과 윤지범·윤지눌·이유수·윤서유 등 먼저 간 친우들의 묘지명(墓誌銘)을 지어 이들에 대한 자신의 변함없는 존경과 신의를 담았다.

또한 1822년 6월 그 자신의 회갑을 맞은 날에는 그동안 파란 많았던 자신의 60평생을 돌아보며 자신의 행적을 서술하고 저술 내용을 개괄하는 『자찬묘지명(自撰墓誌銘)』(壙中本과 集中本 두 가지)을 지었다.

그는 만년에 고향에 돌아와서는 주로 이미 이루어진 저술을 수정하고 보완하는 데 힘썼다. 유배에

다산 초당 근처의 다산 친필 비석

서 돌아온 이듬해인 58세 때(1819) 『흠흠신서(欽欽新書)』 30권을 저술하여 앞서 저술한 『경세유표』·『목민심서』와 더불어 경세론의 삼부작을 완성하였다. 또한 그해에 잘못 사용하는 언어의 본뜻을 고증한 『아언각비(雅言覺非)』 3권을 저술하였다.

60세 때는 『사대고례산보(事大考例刪補)』를 편찬하고, 『예고서정(禮考書頂)』을 저술하여 『상례사전』을 보완하였으며, 『역학서언(易學緖言)』을 보완하였다. 그가 61세 때 회갑을 맞아 지었던 『자찬묘지명』(집중본)에서는 그때까지 마무리된 자신의 저술로 경집(經集) 232권을 비롯하여 경세론과 지리·의약을 합친 문집이 267권으로 전체가 499권에 이르고 있음을 밝히고 있다.

그 후 62세 때(1823)는 여행기라고 할 수 있는 『산수심원기(汕水尋源記)』나 『산행일기(山行日記)』를 저술하였고, 66세 때는 홍석주의 『상서보전』을 읽고 자신의 견해를 붙인 『독상서보전(讀尙書補傳)』 1권을 지었으며, 홍석주가 보내준 청나라 경학자 염약거(閻若璩)의 『상서고문소증(尙書古文疏證)』을 검토하여 『염씨고문소증초(閻氏古文疏證抄)』 4권을 지었다.

그리고 73세 때(1834)는 강진에서 저술했던 『상서고훈수략』과 『상서지원록』을 합치고 수정하여 『상서고훈(尙書古

訓)』21권으로 재편집하였으며, 또한 강진에서 저술한 『매씨서평』 9권을 고향에 돌아온 이후 두 번째로 수정하여 완성하였다. 그가 만년에 『상서』에 관한 저술의 보완에 많은 관심을 기울였던 것은, 강진시절 너무나 제한된 문헌으로 고증학적 연구를 하였는데, 고향에 돌아와 새로 구해 보게 된 청나라 학자들의 저술을 비롯한 문헌들로 보완할 필요가 컸기 때문이다.

이처럼 그의 저술은 61세 때 『자찬묘지명』(집중본)에서 제시한 이후에도 수정과 보완이 계속되어, 오늘날 전하는 그의 저술로는 필사본(筆寫本)인 『여유당집(與猶堂集)』과 『열수전서(洌水全書)』가 총 182책 503권(경집(經集) 88책 250권, 문집(文集) 30책 87권, 잡찬(雜纂) 64책 166권)이며, 1934~1938년에 신조선사(新朝鮮社)에서 간행된 활자본인 『여유당전서』로 편집된 것이 총 154권 76책(시문집 · 경집 · 예집 · 악집 · 정법집 · 지리집 · 의학집 등 7집으로 편찬)이다.

그 후에도 누락된 저술이 상당수 수집되어 『여유당전서보유(與猶堂全書補遺)』 5책이 1969년 다산학회에서 영인본으로 간행되었다. 그리고 나서도 새로 발굴된 저작이나, 아직 찾지 못하고 있는 저술이 상당수 있는 것으로 보인다. 이렇게 이루어진 그의 방대한 저술은 분량에서도 우리나라 학자 가운데 가장 많지만 그 학술적 의의 내지 사상사적 중요성에서도 가장 높은 봉우리의 하나를 이루고 있다.

당시 학자들과의 학문적 교류

정약용이 당시 학자들과 했던 학문적 교류를 크게 세 시기로 보면, 관리시절 규장각에서 박제가 등 북학파 실학자들과의 교류와, 강진시절 학승들과의 교류와 만년에 고향에서 당대의 노론과 소론의 석학들과의 교류로 구분해볼 수 있다.

먼저 그는 젊은 날 규장각의 검서(檢書)로 일하던 시절에 북학파에 속하는 실학자인 박제가(楚亭 朴齊家)나 이덕무(雅亭 李德懋)와 가깝게 교류하였던 일이 있다. 정약용은 박제가의 시와 글씨를 차마 손에서 놓지 못할 만큼 좋아하였으며, 종두법(種痘法)을 연구할 때에도 박제가와 협력하였던 일이 있다. 또한 그는 박제가를 통해 이덕무가 완성한 『기년아람(紀年兒覽)』을 빌려보고 발문을 짓기도 하였으며, 이덕무의 『비왜론(備倭論)』과 또 다른 북학파 실학자인 유득공(泠齋 柳得恭)의 『필기(筆記)』에 논평을 붙이면서 일본과 서양에 관련된 정보를 검토하기도 하였다. 그러나 이들과의 교유는 그가 유배 간 이후에는 이어지지 않았다.

다음으로 정약용은 강진에서 유배생활의 답답함을 풀기 위해 자주 가까운 사찰을 찾았고, 그곳의 학승들과도 친밀하게 교유하였다. 그 중에서도 혜장(惠藏)과 의순(意恂)이 가장 가까웠던 학승이다. 혜장(호 연파(蓮坡)·아암(兒庵))은 정약용보다 열 살이나 젊었으나 30세에 해남 대흥사(大興寺)의 강석(講席)을 맡았던 탁월한 학승이며, 백련사에서 정약용과 만난 이후 교류하며, 그에게 유배생활의 외로움을 위로해 주는 마음의 벗이 되었으나 그가 강진에 유배생활 하던 도중인 1811년 40세의 나이로 죽었다. 혜장의 제자 가운데 유룡 색성(袖龍 賾性)과 기어 자홍(騎魚 慈弘)도 스승 혜장과 함께 정약용을 잘 따랐다.

이 시대의 저명한 학승으로 우리나라에 다도(茶道)를 일으킨 의순(意恂 : 호 초의(草衣))은 정약용이 대흥사에 갔을 때 그를 스승으로 모시고 시와 유교 경전을 배웠으며, 다산초당으로 자주 찾아와서 어울렸다. 의순은 정약용이 유배에서 풀려나 고향으로 돌아간 뒤에도 마재로 스승을 찾아왔으며, 정약용의 아들 정학연을 비롯하여 홍현주 등 이 지역 선비들과도 폭넓게 교류하였다. 또한 의순은 실학자 김정희와도 깊은 교유관계를 맺었다. 이처럼 19세기 전반기에 실학파의 유학자들과 선승(禪僧)들 사이에 학문적 교류가 활발하게 일어나고 인간적 친교가 깊었던 사실은 조선후기에 나타난 사상사의 새로운 면모라 할 수 있다.

또한 많은 벗들 가운데서도 정약용이 20대의 청년시절에 깊이 사귀며 영향을 받았던 벗은 이벽이었고, 평생을 통해 자기를 알아 주는 지기(知己)로 둘째형 정약전은 그가 무척 따랐던 대상이다. 실제로 정약용은 강진에서 한 가지 저술이 이루어질 때마다 흑산도의 둘째형에게 보내어 논평을 받았고, 정약전은 아우의 저술이 지닌 진가를 유감없이 평가하여 칭찬을 아끼지 않았다. 둘째형이 1816년 유배지 흑산도에서 죽었다는 소식을 듣고 나서 그는 이 세상에서 하나밖에 없는 자기를 알아 주는 벗을 잃었다고 통곡하였다.

그는 만년에 고향에 돌아온 뒤로 가까이 사는 같은 시대의 명망 있는 학자들과 폭넓게 교류하면서 활발한 학문적 토론을 벌임으로써, 자신의 학문적 업적과 창의적 학설을 소개할 수 있는 기회를 얻었다. 그가 만년에 학문적으로 교유하였던 노론계의 학자들로는 성리학자인 이재의(文山 李載毅)와 홍석주(淵泉 洪奭周)·홍현주(海居 洪顯周) 형제 및 김매순(臺山 金邁淳)과 김기서(鼎山 金基敍)가 있고, 고증학자로 김정희(秋史 金正喜)가 있다. 또한 소론계 학자로는 고증학자인 신작(石泉 申綽)을 들 수 있다. 그만큼 정약용은 당파적 편향성을 떠나서 만날 수 있는 모든 학자들과 학문적 토론을 위해 교류하는 열린 자세를 보여 주고 있는 것이다.

정약용이 강진에 있을 때인 1814년 이재의가 찾아와 심성론과 예설의 문제에 관해 토론을 벌였고, 그 후에도 몇 년 동안 편지를 주고받으면서 진지한 토론을 벌였다. 또한 그는 강

간찰

진에서 돌아온 이후 먼저 소론계열 고증학자 신작과 『주례』 『주역』에 관한 토론을 벌였으며, 그의 저술인 『상례사전』과 『매씨서평』에 대한 논평을 받으면서 고증학적 경전 해석의 쟁점에 관한 토론을 전개하였다.

이와 더불어 노론 계열의 성리학자인 김매순과의 토론과정에서도 『매씨서평』과 『상례사전』에 대해 높은 평가를 받았으며, 홍석주와도 『상서』(서경)에 관해 활발한 토론을 전개하였다. 홍석주는 그에게 청나라 염약거의 『상서고문소증(尙書古文疏證)』을 보내 주어 『매씨서평』을 수정하고 보완하는 데 큰 도움을 주기도 하였다. 나아가 고증학자인 김정희와 조수(潮水)문제나 의례문제에 대해 몇 차례 왕복편지를 통해 토론하였던 사실도 확인된다. 김정희의 형제들은 그의 아들인 정학연·정학유 형제와 친밀하게 교류하는 사이기도 하였다.

다음 세상을 기다리는 사암(俟菴)으로 생애를 마침

정약용은 평생을 통해 여러 가지 호(號)를 사용하였는데, 만년에 '사암(俟菴)'이라 일컬었다. 그 자신이 지은『자찬묘지명』에서 자신의 호를 '사암'이라 하고, 당호를 '여유당'이라 하였으니, 사실상 그 스스로 최종적으로 확정한 자신의 호는 '사암'이다. '사암'이란 그가 살고 있는 시대에 자신을 온전하게 이해시킬 수 없다는 현실을 의식하여 다음 시대를 기다리겠다는 뜻을 담은 것이다. 그는 방대한 저술을 남김으로써 다음 시대에서나마 자신의 학문과 사상을 알아줄 사람이 나오기를 기다리겠다는 뜻을 밝힌 것이라 하겠다.

1836년 2월 22일 아침 정약용은 마재의 고향집에서 75세로 세상을 마쳤다. 그가 죽던 날은 그의 부부가 혼인한 지 60주년이 되는 회혼(回婚)의 날이었다. 친척들과 자손들과 제

정약용 무덤

자들이 모두 모여 잔치를 벌이려던 날에 세상을 떠난 것이다. 그는 임종에 앞서 자신의 장례 절차와 사후의 일을 일일이 지시하였다. 그의 무덤은 고향 마재에 그가 살던 집 여유당의 뒷동산에 있다. 부인 홍씨도 2년 뒤(1838) 세상을 떠나 그의 묘에 합장하였다.

3장
다산 사상의 핵심과제

학문의 방법과 체계

경학에 근거하는 학문방법

정약용은 자신의 학문체계를 "육경사서로써 자신을 닦고 일표이서(一表二書)로써 천하와 국가를 다스리니, 뿌리와 가지를 갖추었다"(「自撰墓誌銘」集中本)고 밝혀, '육경사서'의 경학을 근본으로 하고, '일표이서'의 경세학을 그 실현으로 하는 본말구조를 제시하였다. 또한 그는 "경전의 취지가 밝아진 뒤에야 도(道)의 실체가 드러나고, 그 도를 얻은 뒤에야 마음씀(心術)이 바르게 되고, 마음씀이 바르게 된 뒤에야 덕(德)을 이룰 수 있다"(「爲盤山丁修七贈言」)고 하여, 학문이 경전 공부에서 출발해야 하는 이유를 명확하게 제시하고 있다. 그만큼 그의 학문체계는 경학에 근거하고 있는 것임을 보여 준다.

    나아가 그는 경학을 기반으로 하는 자신의 학문방법으로서 경전의 독서 순서를 매우 독특하게 제시하고 있다. 곧 『예기』 가운데서 「곡례」「소의」「옥조」「내칙」의 4편을 가장 먼저 읽어야 할 경전으로 제시하고 있는 사실은 마치 주자학의 경학체계에서 사서에 앞서 『소학』을 먼저 읽게 하는 것에 상응되는 것으로 보인다.

    그는 이어서 「국풍」(『시경』)→『논어』→『대학』→『중용』→『맹자』→『예기』→『좌전』→「아·송」(『시경』)→『주역』→『서경』의 순서로 경전을 읽고, 그 다음에 역사서로서 『사기』→『한서』→『자치통감』(혹은 『통감강목』)을 읽도록 제시하고 있다. 그것은 율곡이 『격몽요결(擊蒙要訣)』에서 제시한 주자학의 전통적 독서 순서로 『대학』→『논어』→『맹자』→『중용』의 사서를 읽은 뒤에 『시경』→『예기』→『서경』→『주역』→『춘추』를 차례로 읽도록 제시하고 있는 것과는 뚜렷한 차이를 보여 주는 것이다.

    정약용 자신은 이러한 독서 순서를 지켜야 하는 이유를 분명하게 설명하지 않지만, 전통적으로 독서 순서가 경전 공부에서 매우 중시되었던 사실에 비추어보면, 그의 독특한 독서 순서는 바로 학문적 성장과정에서 생각과 행동이 병행하여 성장하도록 지도하는 방법이 중요하다는 관점을 반영하는 것이라 하겠다.

정약용은 글자의 뜻이 통한 다음에 구절이 통하고, 구절이 통해야 문장이 통할 수 있고, 문장이 통한 다음에 한 편의 대의(大義)가 드러난다고 보았다. 그런데 후세에 경전을 논하는 선비들이 글자의 뜻을 완전히 밝히지 않은 채 의논을 먼저 제기하여 은미한 말을 장황하게 늘어놓아 오히려 성인의 본뜻을 더욱 가리는 우를 범하고 있다고 지적하면서, 이것이 경학의 큰 폐단이라고 단언한다. 이처럼 정약용은 주자학의 경학에서 의리론적 해석을 앞세우는 것을 경계하고 고증학적 경학정신을 『상서』 연구에서 철저히 관철시키고 있다.

그는 경전 해석에서 자신이 일관적으로 지키고 있는 학문 자세를 밝히면서, "나는 경전을 연구할 때 오직 옳은 것만 찾고, 옳은 것만 따르며, 옳은 것만 지키려고 한다. 어떤 것을 선택해서 지키고자 할 때는 널리 고증하고 지혜를 다 기울여 정밀하게 검토하지 않음이 없으며, 마음가짐은 티 없는 거울과 평평한 저울같이 유지하여 소송에 판결을 내리듯이 그 뜻을 파악해 내고자 한다. 이렇게 한 다음에 비로소 감히 이론을 세운다. 어찌 감히 그럴 것이라 보이는 견해로서 남이 주장하는 것을 덩달아 주장하면서, 모두가 받아들이고 있는 이론을 어기겠는가"(「答李汝弘 載毅」)라고 선언하였다.

그것은 정밀하고 객관적인 검토를 통해 밝혀지는 진실성

을 진리의 기준으로 확립하는 것이며, 기존의 일반적 학설에 편승하여 동조하거나 자신의 독단적 편견을 철저히 벗어나 재판관이 판결을 하듯 다양한 견해들을 공정하게 평가하여 취사선택함으로써 진실성을 밝히는 객관적 학문정신을 강조하고 있는 것이다.

또한 그는 당시 경전 해석의 방법으로서 청대(淸代) 고증학이 도입되면서 한대(漢代)의 '훈고학(訓詁學)'이 되살아나는 학풍에 대해서도 그 의의를 인정하면서 동시에 문제점에 대한 비판적 인식을 분명하게 밝히고 있다. 곧 그는 "경전의 글자 뜻을 밝혀 도덕의 교화를 통하게 하는 것"이 '훈고'의 목적임을 지적하고, "한대의 주석(註釋)과 주자의 집전(集傳)에서 옳고 그른 것을 가릴 때는 반드시 경전에서 결단하여야 한다"고 하여, 한학(漢學)이나 송학(宋學)의 어느 쪽을 따를 것인가의 문제가 아니라 학문의 표준을 언제나 경전 그 자체에서 확인해야 할 것임을 분명히 하였다.

따라서 그는 당시의 훈고학자들이 한학과 송학을 절충한다는 '절충한송(折衷漢宋)'을 내세우면서도 실제로는 글자만 통하고 장구(章句)를 훈고할 뿐 옳고 그름이나 치우침과 정당함을 분별하여 본받아 행할 방법을 찾지 못하고 있음을 강하게 비판하였다. 그만큼 그에게서 판단의 기준은 진리이지 기존의 학문전통이나 권위가 아님을 분명하게 제시하고 있는 것이다.

정약용은 비판에만 빠지거나 계승에만 안주하는 것은 모두 병통이 됨을 지적하고, 이에 따라 학문자세에서 의문을 제기하고 비판을 하는 것이 지닌 긍정적 의미를 중시하고 있다. 따라서 그는 연구를 하면서 반복적으로 느낀 남의 학설의 본래 취지를 밝히면서 그 차이를 규명하는 객관적 해석의 방법을 제시한다. 여기서도 정약용은 자신의 평생 학문자세였던 비판정신과 객관적 해석의 중요성을 재확인하고 있는 것이다.

또한 그는 경전 해석의 기본방법을 두 가지로 제시하였는데, 그 하나는 경전 한 구절의 의미를 해석하면서 다른 경전 구절에서 증거를 찾아 고증하는 '경전으로 경전을 증거하는(以經證經)' 고증학적 방법이다. 다른 하나는 서로 연관된 두 구절을 비교하고 대조시킴으로써 상호 조명하여 의미를 드러나게 하는 '저것과 이것을 비교 대조하는(彼此比對)' 해석학적 방법이다. 바로 이 방법은 그가 경전 해석을 수행하면서 관철하였던 경학의 방법이라 할 수 있다.

실학적 학문방법의 성격

조선후기 사회에서 도학이념이 사상계를 주도하는 위치는 확고하다고 하더라도, 더 이상 도학이념이 유일한 사상은 아니었다. 조선후기는 사방에서 바람이 불어오고 물이 흘러들듯이 다양한 사상 조류들이 밀려들어 서로 격돌하며 소용돌이치는 사상의 다원화가 일어났던 시기이다. 그 사상적 충돌이 가장 크게 일어난 것의 하나는 정통적 '도학―주자학'과 그 정통성에서 벗어나려는 '탈주자학' 사이의 충돌이다. 당시 실학의 사상적 배경으로서 탈주자학적 사유는 이미 널리 알려져 있는 바와 같이 명대 이후의 양명학(陽明學)과 청나라에서 새롭게 전래한 경전 해석의 방법으로서 고증학(考證學)으로 제기되었으며, 다른 하나는 동양 전통의 '도학'과 서양에서 전래한 '서학' 사이의 충돌이다. 17, 18세기에 일어나기 시작한 새로운 사상 조류로서 실학은 바로 도학의 이념적 정통론에서 벗어나 다양한 사상들을 포용하면서 현실적 개혁론을 전개하는 것이었다.

그가 포용적 학문자세를 잘 드러내 주고 있는 사례로서, 맹자가 양주(楊朱)의 개인주의적 위아설(爲我說)과 묵적(墨翟)의 전체주의적 겸애설(兼愛說)을 이단으로 엄격히 배척하였던 태도와는 달리, 유교의 '중용' 정신은 양주와 묵적의 상반된 두 극단까지 포용하는 데 있음을 강조하는 데서도 확인할 수 있다.

곧 그는 성인의 도(道)로서 '중용(中庸)'이 바로 다양성을 포용하는 열린 정신임을 밝히고, 단지 이단은 한쪽으로 치우

처 '중용'의 균형과 조화를 상실하는 데 문제가 있음을 지적한 것이다. 그만큼 그는 다양성을 향해 열린 자세를 중시하고 있으며, 바로 이 점이 정통주의를 표방하는 도학이념을 넘어서 실학의 개방정신을 발휘하고 있는 것이라 하겠다.

조선후기 실학의 집대성자로서 정약용은 전통적 사유방법에 대한 다각적 성찰을 하면서, 실학의 과제와 방향에 대한 체계적 탐색을 하고 있다. 그는 『오학론(五學論)』에서 개혁되어야 할 기존 지식체계로서 성리학·훈고학·문장학·과거학(科擧學)·술수학(術數學)의 다섯 가지 유형으로 나누어 그 폐단을 비판하였다. 이때 그는 공자와 맹자를 학문의 원형으로 확인함으로써 지식체계 속에 스며들고 있는 다양한 폐단을 바로잡을 수 있는 길을 제시하였다.

이처럼 그는 공자와 맹자의 본래 정신을 회복해야 한다는 것을 선언하고 있지만, 그것은 과거로 돌아가는 것에 목적이 있는 것이 아니라, 오히려 합리적 사유의 실현을 통해 학문적 진실성을 확보하고 근대적 개혁정신을 발휘하겠다는 의지를 밝히는 것임을 주목할 필요가 있다.

먼저 그는 조선사회를 이끌어 가는 도학의 이론적 근거인 성리학에 대해, 지리멸렬한 개념논쟁에 빠져서 끝없이 대립만 할 뿐 아무런 기여를 할 수 없는 지식체계가 되고 말았음을 폭로하고 있다. 이처럼 성리학에 대한 비판적 인식은 바로 그 시대의 주도적 이념체계에 맞서서 사상의 근본적 개혁을 추구하고 있는 것이다. 따라서 그는 세계관의 기본구조로서 하늘과 인간의 관계, 인간과 인간의 관계 및 인간과 만물의 관계에 대한 성리학의 이해를 정면으로 비판하고 전면적인 발상의 전환을 시도함으로써 새로운 차원의 인간 이해를 제시하였다. 여기에 그의 경전 주석 작업은 바로 주자의 관념적 인식체계를 벗어나 현실적 합리성에 근거하는 새로운 인간 발견이요 사회인식으로서 실학적 세계관을 정밀하게 체계화는 작업이었던 것이다.

또한 그는 조선시대 성리학의 가장 큰 쟁점이었던 사단칠정(四端七情)의 해석에서 '이(理)'의 발동을 주장하는 견해와 '기(氣)'의 발동만 인정하는 견해의 대립에 대해서도 「이발기발변(理發氣發辨)」을 통해 새로운 해석을 하여 성리학의 역사에 새로운 획을 긋는 중요한 견해를 제시하였다.

곧 착한 마음의 싹인 사단(四端)이라는 감정과 선악이 뒤섞인 마음의 전체인 칠정(七情)이라는 감정의 두 가지 양상에 대해, 그 감정이 발생하는 근거가 이치(理)인가 기질(氣)인가를 따지는 성리설의 핵심적 쟁점이 '이발·기발'의 문제이다. 여기서 퇴계는 이치와 기질이 각각 주장이 되어 서로 작용한다는 '이발설(理發說 : 理氣互發說)'을 제시하고, 율곡은 두 감정이 모두 기질의 발동이라는 기발설(氣發說 : 氣

發一途說)의 견해로 대립하면서 영남학파와 기호학파로 학풍이 갈라지는 중대한 쟁점을 이루었다. 그런데 정약용은 이렇게 상이한 양쪽의 견해가 각각의 독자적 의미가 있음을 밝힘으로써 대립을 지양시키는 새로운 관점을 제시하여, 성리설의 뿌리 깊은 대립을 극복하고자 한 것이다.

정약용은 우리 사회의 여러 영역에서 전통적 사유방식과 제도를 관찰하면서, 곳곳에 배여 있는 불합리하고 비능률적인 사유의 관습과 허위성을 철저히 성찰하여 깨뜨리고 있다. 이에 따라 전통의 권위를 추종하여 안주하기를 거부하고 새로운 의식과 제도를 추구하는 개혁적 시각을 보여 주고 있다.

그러나 그의 개혁의식은 전통에 내재된 본래적 가치를 재각성함으로써 묵은 폐단을 제거하는 것이요, 본래의 실상을 드러냄으로써 현재의 왜곡된 지식체계를 개혁하고자 하는 것임을 의미한다. 따라서 그의 개혁론은 본래의 실상으로서 공자와 맹자에로 돌아가는 길이면서 동시에 효율성과 합리성을 추구하는 미래적 이상을 지향하는 것이라 하겠다.

정약용은 전통문화의 구체적 현장을 점검하면서 효율성과 합리성이 없는 형식적 관습을 비판하고 광범한 개혁을 추구하였다. 그 하나의 사례로서 아동을 위한 문자교육의 방법에 대한 인식과 그 개혁적 시각을 주목할 필요가 있다. 곧 그는 우리나라에서 아동이 처음 한자학습을 할 때 필수적인 교과서로 사용되어 왔던 주흥사(周興嗣)의 『천자문(千字文)』이 문자의 분류체계나 대응구조를 무시하여 아동교육에 적합하지 않은 점을 날카롭게 비판하고, 그 자신이 유형한 물체와 무형한 현상에 관해 1천 자씩을 구체적 연관관계의 분류체계로 구성하여 2천 자로 이루어진 『아학편(兒學編)』을 지어 합리적 문자학 교육방법을 제시하고자 하였다.

정약용은 실학적 사유의 새로운 세계관을 정립하는 과정에서 다양한 사상조류를 수용하고 있으며, 그 가운데 서양의 과학기술이 지닌 합리성과 효용성의 자연과학적 사유를 폭넓게 받아들이고 있다. 그가 주자학이 기반하는 전통적 자연철학으로서 오행설(五行說)을 부정하는 사실이나, 천체의 운행에서 이변을 재난의 징후로 해석하는 재이설(災異說)을 부정하였던 사실은 과학적 합리성에 근거한 비판이었다. 이에 따라 관상감(觀象監) 관원의 지위를 향상시키고 천문관측 기술을 청나라에서 배워올 것을 제안함으로써, 선진 과학기술의 도입을 적극적으로 주장하였다.

그러나 그는 서양의 천문학 지식을 수용하였지만 땅이 둥글다는 '지구설'을 인정하면서도 지구의 자전이나 공전의 운행에 관한 명확한 이해를 보여 주지 못하는 한계를 드러내었다. 사실상 그의 과학 지식은 부정확하거나 미숙한 점이 많은 불충분한 것이었지만, 그가 과학 지식의 필요성과 향상방법에 관해 깊은 관심과 과학기술의 도입에 적극성을 보여 주고 있다는 점은 주목해야 할 사항이다.

그는 의학 지식에 깊은 관심을 기울여서 이 스스로 의술에서 탁월한 식견을 보여 주었다. 곧 그는 처방을 외우기에 앞서 본초(本草)의 성능에 정확한 지식을 가져야 함을 강조하고, 맥을 짚어보는 방법[脈診法]으로 오장육부의 병을 분별하는 전통의 한의학적 사유방법을 거짓되고 환상적인 믿음이라고 부정함으로써, 객관적이고 합리적인 논리로 한의학을 근본적으로 개혁할 것을 요구한다. 그는 종두법의 연구에 오랜 기간 힘썼고, 그 결과로 『마과회통』이라는 우리나라 의학사에 중요한 의학서를 저술하였다.

나아가 정약용은 당시에 광범하게 퍼져 있는 '술수학'으로서 도참설(圖讖說)·풍수설(風水說)·신통술(神通術)·역술법(易術法) 등이 앞날을 예견한다거나 길(吉)과 복(福)을 구한다 하여 대중들을 현혹하는 술법들에 대해 합리적이고 과학적인 '학문'이 아니라 허위적인 '미신'이라고 규정한다. 그는 요·순·주공·공자 같은 성인들도 앞일을 내다보지 못했다는 사실을 구체적 사례로 논증하여 '성인의 도'와 '술수의 도'가 다른 길임을 분명하게 밝히고 있다.

여기서 정약용은 술수학과 더불어 관상술(觀相術)·간지법(干支法)·풍수술(風水術) 등 여러 가지 술수들에 대해 비합리적이고 비과학적인 것임을 엄격하게 변론하고 비판하였다. 그는 '상(相 : 觀相)'을 운명론적 조건으로 받아들이는 것을 거부하고, 후천적 학습을 통해 습관이 형성되면 '상'이 바뀌게 되는 사실을 지적하여, 관상술의 운명론을 벗어나서 훈련과 노력을 통해 능동적으로 인격을 성취해 가는 태도가 정당한 것으로 확인하고 있다.

나아가 그는 풍수설에 대해서도 예리하게 비판하고 있다. 그는 풍수설을 한마디로 규정하여, "그 부모를 묻어서 복을 구하는 것은 효자의 정이 아니다"라고 언급함으로써, 풍수설이 도덕적으로 정당성이 없고 과학적으로 근거가 없는 거짓된 속임수라고 신랄하게 비판하였다.

이처럼 그는 통속적 믿음이 합리성을 가장하여 하나의 지식체계로 통용되고 있는 현실에서, 그 믿음의 뿌리 깊은 허위성을 폭로한다. 대중 속에 광범하게 통용되는 현실에 맞서서 통속적 믿음을 철저히 비판하고 타파하려는 과학적 합리성의 신봉자로서의 자신의 용맹한 모습을 유감없이 발휘하고 있다.

정약용은 우리의 역사·지리·언어·풍속에 관해 폭넓게 관심을 기울임으로써 민족의식을 각성할 수 있는 기반을 확립해 갔다. 그는 특히 우리의 지리를 역사와 연결시켜 치밀한 고증적 연구를 해왔다. 우리 역사 지리 연구의 역작인 『아방강역고(我邦疆域考)』는 기자(箕子)조선에서 발해까지 나라마다 강역과 지명의 연혁을 고증하였으며,『대동수경(大東水經)』은 우리나라 강(江)의 역사 지리를 고증한 것이다.

그가 역사 지리적 고증작업을 통해 제시하는 우리의 고대사는 열수(洌水 : 한강)를 중심으로 북쪽은 조선이 사군(四郡 : 漢四郡)을 거쳐 고구려와 발해로 이어지고, 남쪽은 한국(韓國 : 三韓)에서 마한(馬韓)이 백제로 연결되고 변한(弁韓)이 가야로 연결되고 진한(辰韓)이 신라로 연결되는 것이라 하여, 남북의 병행구조로 보는 독자적 해석을 선보인다.

여기서 발해에 대해 정약용이 매우 깊은 관심을 기울이고 있는 사실을 주목할 필요가 있다. 그는 발해의 옛 땅이 거란의 수중에 들어가 우리가 되찾지 못한 사실을 한탄하였다. 그리하여 통일신라와 발해가 병존하던 시대에 대해서는 발해를 중심으로 이해하려는 태도로 발해의 영역을 본격적으로 고찰하고 있다.

이러한 역사 지리의 이해는 당시 실학자들 사이에 우리 역사에 대한 연구가 활발하게 일어나고 있던 학풍과 같은 맥락에서 '국학(國學)' 연구의 열기를 고조시켰던 것이요, 우리의 민족의식을 싹트게 하는 토대를 마련해 주었던 것이라 하겠다.

세계와 인간의 이해

공자의 정신으로 돌아가는 경학

　유교사상의 역사는 철학적 이념체계의 중대한 변환이 일어날 때마다 새로운 경전 주석의 작업이 이루어져 왔다. 한대(漢代)의 '훈고학'에서 송명(宋明)시대의 '의리학(義理學 : 理學)'으로 전환하고, 다시 청(淸)나라 중기까지의 '고증학(考證學)'을 거쳐 청나라 말기의 '공양학(公羊學 : 今文經學)'으로 전환해 갔던 것은 바로 경학의 변천과정이요 유교철학의 발전 단계이다.

　이런 맥락에서 정약용의 경전 주석 체계는 바로 그의 철학사상을 제시하는 기반이었으며, 나아가 그가 경학을 통해서 실학파의 독자적 철학체계를 확립하는 중요한 계기를 마련하였던 것이다. 곧 정약용은 자신의 경전 해석 체계를 통하여 주자학의 관념적 철학 체계를 극복하고 실학파의 현실적 철학 체계를 확립하고 있다.

19세기 전반에 정약용의 경학은 주자의 성리학적 경학체계를 전반적으로 탈피하고 독자적 경학체계를 구축하고 있다는 사실은 조선후기 사상사에서 획기적인 위치를 차지하는 것이다. 바로 이러한 점에서 정약용의 경학은 여전히 주자의 경학을 기준으로 삼고 있는 18세기 전반의 이익(李瀷)을 훨씬 넘어서고 있으며, 오히려 17세기 후반에 주자를 탈피하였던 윤휴의 경학을 이어가는 것으로 확인할 수 있다. 그뿐만 아니라 정약용의 경학은 윤휴의 그것보다 더욱 정밀하고 종합적인 체계를 완성하였다. 특히 정약용의 경학에는 성리학적 해석에 대한 비판적 평가는 물론이요, 양명학·고증학·서학의 다양한 이론과 방법의 섭취를 통해 독자적 세계가 유감없이 발휘된 것으로, 실학파 경학의 결정판을 이룬 것이라고 할 수 있다.

정약용은 '경전으로써 경전을 증거하는' 고증학적 방법을 철저하게 적용하며, 동시에 제자백가와 역사서를 포함하여 선진시대에서 청대까지 걸친 경학사(經學史)의 광범한 업적들을 종횡으로 끌어들여, 경전의 미세한 술어와 쟁점까지 정밀하게 분석하고 빈틈없이 고증해 갔다. 따라서 그는 자신의 실증적 논리로 기존의 해석들을 예리하게 비판함으로써 한국 경학사 속에 독자적 영역을 확보하고 있다. 특히 그는 경전 해석을 통해 하늘(天·上帝)과 인간 존재와 자연의 관계를 새롭게 해석하는 일관된 철학적 이론체계를 이끌어냄으로써 실학자로서 자신의 철학적 기초를 정립하고 있다는 점에서 조선후기 실학 사상사에서 실학의 집대성자로 우뚝한 비중을 차지하고 있다.

여기서 정약용의 경학이 지닌 학문방법은 우선 주자학의 형이상학적 경전 해석에 사로잡히지 않고, "수사학(洙泗學)으로 돌아가자"라는 구호 아래 선진(先秦)시대의 경전 그 자체의 본래 의미를 재해석하는 것이다. 따라서 주자의 성리학적 경전 해석은 물론이요 한대(漢代)의 훈고학적 경전 해석의 왜곡된 세계관을 벗어나서 경전의 본래 정신을 재발견하고자 하는 것이요, 경전의 본래 정신으로 자신의 시대 현실을 다시 해석하고자 하는 것이라 하겠다.

정약용은 『중용강의보』에서 주자학이 "선(善)을 즐거워하고 도(道)를 찾고자 하는 마음씀에서 나온 것임"을 인정하고 있지만, 그 경전 해석이 불교의 영향을 받아 공자의 본래 정신과 어긋나고 있음을 지적하고, 이를 극복하기 위하여 주자학의 경전 해석을 거부하고 공자의 가르침[洙泗學]으로 돌아가겠다는 입장을 밝혔던 것이다.

정약용이 경전 자체로 돌아가겠다고 주장한다고 하여 단순히 복고적 입장을 가진 것은 아니다. 그것은 학문적 진실성을 관철하기 위한 비판정신이며, 주자학적 관념 체계에 따른 현실적 모순을 해결하기 위한 현실인식의 요청이기도 하다. 따라서 그는 경전 해석의 방법으로서 관념적 해석 체계를 벗어나 실증을 중요시하는 청조 고증학의 방법을 적극적으로 도입하고 있다.

정약용은 고증학적 입장을 수용하여 경전을 논의하면서 반드시 먼저 '옛 말의 뜻[詁訓]'을 밝혀야 한다고 하여, '글자의 뜻'도 온전히 통하지 않은 채 경전의 정신을 논의하는 것은 착오만 깊어지게 할 뿐임을 강조하였다.

그러나 그는 성리학에 대해 비판하면서 고증학에 대해서도 예리하게 비판하고 있다. 정약용에 의하면, 훈고학에 머물고 말면 경전의 글자의 뜻을 새기는 데 빠지게 되어, 그 속에 담긴 성품과 천명의 이치를 이해하거나 효도와 우애의 도리를 가르치는 것이나 사회 교화를 위한 제도[禮樂刑政]의 인식에는 어두울 뿐이라 하여, 고증학적인 맹목성에 빠지는 것을 분명하게 경계하였다. 따라서 정약용의 경학은 고증적 방법과 성리학적 과제를 종합하고 새로운 차원으로 지양할 것을 추구하고 있다.

이처럼 정약용의 경학은 객관적 사실의 분석적 인식으로

서 고증학의 실증적 태도를 학문의 기초적 방법으로 중요시하면서도 실증의 방법에 머물지 않고, 한걸음 나아가 실용의 목적을 추구하는 특징을 보이고 있다. 인간 존재나 사회적 가치를 외면하고 있는 실증의 추구는 그의 입장에서 보면 일종의 맹목화일 뿐이다. 따라서 그의 경학은 그 자신의 시대 현실에 대한 인식을 위해 새로 전래된 서학(西學)의 과학적 사유방법과 신앙적 세계관까지도 수용하였던 것이다.

그의 경학적 형성과정은 4단계로 나누어볼 수 있다. 첫 단계는 대학생시절인 23세 때(1784) 정조 임금의 70조목에 걸친 질문에 대답하여 『중용강의』를 저술할 때로서 '발아기(發芽期)'라고 한다면, 둘째 단계는 28세에서 39세까지 정조 임금의 측근에서 벼슬을 할 때 정조 임금의 800조목에 달하는 질문에 답하면서 『시경강의』(1791)를 저술하던 시기로서 '성장기'이다. 셋째 단계는 40세 때부터 57세 때까지(1801~1818) 강진에서 유배생활을 할 때 그의 대부분 경학 저술이 이루어지던 시기로서 '수확기'라고 한다면, 57세 때 유배에서 풀려나 고향 마재로 돌아온 이후의 만년은 『역학서언(易學緒言)』(1821)을 마무리하고, 『상서(尙書)』 연구를 중심으로 『상서고훈』과 『매씨서평』을 수정하였던 시기로서, '보수기(補修期)'라 할 수 있다.

부모를 섬기고 하늘을 섬기는 인간의 도리

정약용에 의하면, 인간이 자신의 가치를 실현하는 방법은 성품을 따르는 것[率性]이요, 성품을 따르는 것은 바로 자신에게 부여된 하늘의 명령(天命)을 따르는 것이다. 그는 "하늘이 사람의 선악을 살피는 방법은 항상 인륜(人倫)에 있으므로, 사람이 자신을 수양하고 하늘을 섬기는(事天) 방법도 인륜으로써 힘쓰는 것이다"(『중용자잠』)라고 하여, 안으로 자신을 수양하고[修身] 위로 하늘을 섬기는 일과 바깥으로 인간관계의 규범을 실현하는 것이 일관한다고 밝히고, 인간관계의 규범인 인륜을 통해 인간 존재가 실현된다는 점을 확인하고 있다. 따라서 그는 무엇보다 인간과 인간의 관계를 중시하여, '만남을 잘하는 것'을 유교의 '도'가 귀결되는 근본 원리로 제시하였다.

그는 『중용』에서 상제(上帝·天)의 존재와 인간 심성의 관계를 해석하면서, 인간의 행위를 감시하는 주재자로서 상제의 존재에 주목함으로써, 인격신적 존재로서 상제를 선명하게 부각시켜 신앙적 천관(天觀)을 경전의 본래 정신으로 재발견하였다. 여기에 그의 경학은 진실한 마음으로 하늘을 섬기고(實心事天) 진실한 마음으로 신을 섬길 것(實心事神)을 요구하는 '사천학(事天學)'으로서의 신앙적 세계를 열어주고 있다.

또한 그는 『주역』을 형이상학적 원리로 보지 않고 허물을 고치고 선으로 나아가는 것이라 하여, 윤리적 실천의 방법으로 제시하고 있다. 여기서 그는 옛 성인이 '역(易)'을 짓게 된 이유를 밝히면서, "성인이 하늘의 명을 청하여 그 뜻에 순응하기 위한 것이다"(『주역사전』)라고 하였다. 그것은 하늘을 경외하고 천명을 받드는 방법으로 '역'이 발명되었음을 말하는 것이며, 동시에 '역'을 통해 천명을 받음으로써 하늘의 뜻을 받아들여 따라야 한다는 신앙적 자세를 요구하는 것이기도 하다.

따라서 그는 『주역』의 접근 방법에서 '복서(卜筮)'의 중요성을 재확인하게 된다. 그러나 그는 '복서'를 통해 천명을 받는 방법은 철저히 하늘을 섬기는 경건한 신앙심을 전제로 한 것임을 강조하며, 그 신앙심을 상실하였을 때에는 '복서'란 간사한 술법에 떨어지고 마는 것이라 경계하였다. 또한 그 자신 『주역』 공부에 전심하여 10년을 지내오는 동안 하루도 시초(蓍草)를 세어 '괘'를 만들어 어떤 일을 점쳐본 적이 없었다고 하면서, 자신이 임금의 뜻을 얻는다면 '복서'를 금지하게 할 것임을 밝혔다. 그만큼 정약용은 '복서'가 더 이상 하늘을 섬기는 경건성에 어울릴 수 없는 잘못된 방법임을 명확히 밝히고 있다.

나아가 그는 인간이 살아가는 가장 일상적이고 구체적인

모습으로서 인간과 인간의 '만남'을 잘하는 것을 유교의 기본 원리로 파악하였다. 이 '만남'이 바로 공자가 말하는 '서(恕)'이며, '인(仁)'이요 '덕(德)'이며, '인도(人道)'이고 '인륜'임을 확인하고 있다. 인간과 인간의 만남이란 바로 인간의 사회적 관계를 이루는 것이다. 따라서 정약용은 인간 존재의 근원을 하늘로 인식하면서도 인간관계의 사회적 규범인 인륜이 바로 천명(天命)임을 확인하고, 인간 존재의 실현이 바로 인간관계의 사회적 실현을 통해서 이루어질 수 있는 것임을 강조하고 있다.

정약용은 『대학』의 기본 강령인 '명덕(明德)'을 효·제·자(孝·弟·慈)로 해석하며, 효·제·자는 부모와 자식과 형제 사이에 적용되는 인륜의 조목이라고 본다.(『대학공의』) 따라서 그의 심성론은 인륜을 선(善)의 기준으로 인식하며, 그의 경세론도 인륜을 사회적으로 실현해야 할 질서의 기준이 되고 있다.

그는 주자의 『대학』 해석에서 기본 체계로 제시되고 있는 '삼강령(三綱領 : 明明德·新民·止於至善)'과 '팔조목(八條目 : 格物·致知·誠意·正心·修身·齊家·治國·平天下)'의 구조를 거부하고, 일강(一綱 : 明明德)과 삼목(三目 : 孝·弟·慈)의 구조로 새롭게 제기하고 있다. 또한 주자가 제시한 '팔조목'의 체계를 부인하고, '성의·정심·수신·제가·치국·평천하'의 6조목을 '격물·치지'에 속하는 조목이라 파악하여, '격치 6조설(格致六條說)'을 제시하였다.

나아가 정약용은 인간관계의 사회성을 가장 잘 보여 주는 기본 덕목으로 '인(仁)'을 주목하면서, '인'을 인간의 인간에 대한 사랑이라고 강조하였다. 그는 사회공동체가 성립할 수 있는 근거를 바로 '남을 향한 사랑'에서 찾았다. 그리하여 이 사회를 운영하는 통치원리도 근원적으로 사랑에 의한 어진 정치[仁政]임을 확인하였던 것이다. 또한 그는 인간과 인간 사이에서 만남의 방법인 '인도(人道)'를 바로 인간관계의 규범인 '인륜'으로 확인하며, 인간과 인간 사이를 사랑으로 결합시키는 근본 원리를 '인'으로 밝혔다. 그리고 이 '인'을 실천하는 기본 방법을 바로 자기 마음을 남의 마음과 일치시켜 가는 '서(恕)'로서 제시하고 있다.

인도와 인륜을 인간관계의 규범으로 인식하는 정약용의 인간 이해는 바로 인간이 고립된 개인으로 존재하는 것이 아니라 다른 인간과 더불어 어울리는 사회적 존재로서 살아가야 한다는 실존적 조건을 천명하고 있는 것이다. 나아가 그는 '서'에 힘써 '인'을 추구하는 인간관계의 결합 원리를 정치의 근본으로 삼고 있다.

정약용은 인간을 하늘과 소통하는 존재로 인식하면서 사

물과 차별화시킴으로써, 세계 속에서 인간 존재의 위상을 확립하고 있다. 그는 "『중용』 전체가 비록 천명(天命)에 근본하고 있지만 그 도는 모두 인도(人道)이다"(『중용강의보』)라고 하여, 하늘(天)과 인간(人)의 관계를 '천명에 근거한 인도'로서 일관시켜 파악할 것을 주장하였다. 이처럼 그의 인간 이해는 하늘과 소통하는 인간 존재를 전제로 하고 있음을 말해 준다.

주자는 인간(人)과 만물(物) 사이에 성(性)과 도(道)의 근본 바탕이 같은 것이라 제시하였다. 이에 대해 정약용은 인간의 능력은 살아 움직이는 것이고, 짐승의 능력은 일정한 것이라 하여 그 차별성을 강조한다. 따라서 그는 주자가 인간과 만물을 포괄하여 『중용』을 해석하고 있는 데 반대하고, 『중용』을 오로지 인간의 문제로 해석할 것을 역설하였다. 한마디로 주자학에서 제시하는 하늘과 땅과 사람(天·地·人)의 유기적 일체관을 깨뜨리고 하늘을 섬기는 신앙적 인간, 땅(만물)을 이용의 대상으로 발견하는 과학기술적 내지 실용적 인간을 확인하고 있는 것이다. 따라서 그의 경학은 하늘을 두려워하는 인간, 개체의 자율성을 지닌 인간, 물질적 자연을 이용하는 인간이라는 새로운 우주적 질서 속의 인간관을 중심축으로 확립하였다. 이러한 구상에 따라 인간관계의 도덕의식과 사회질서가 새롭게 재구성되었던 것이다.

나아가 정약용은 '성(性)'을 마음의 '기호(嗜好)'라 정의함으로써, '성'을 마음의 본체로 인식하는 주자학적 입장을 정면으로 거부하였다. 그는 성선설(性善說)의 의미도 '성'이 본래 순수한 선(善)이라는 주자학의 견해를 거부하고, 선을 좋아하는 '기호'임을 강조함으로써, 물이 아래로 내려가고 불이 위로 타오르듯이 자동적으로 선을 행할 수 있는 것이라면 선을 하는 것이 자신의 공적이 될 수 없다고 본다.

따라서 정약용의 '성기호설(性嗜好說)'은 하늘이 인간에게 선을 하고자 하면 선을 할 수 있고 악을 하고자 하면 악을 할 수 있는 주체적 결정권으로서 자유의지를 부여하였다고 제시한다. 바로 이 자유의지에 따라 선을 행할 때 자신이 선을 행한 공적을 이룰 수 있고, 악을 행할 때 자신이 악을 행한 죄를 짓게 되는 것이며, 이 점에서 인간과 동물이 갈라지는 큰 차이가 드러나는 것이라 본다. 바로 이 점에서 그는 천주교 교리의 원죄(原罪) 개념을 받아들이지 않고 있지만, 악행에 따르는 죄가 기질적 요소에 의해 좌우되는 것이 아니라 인간의 주체적 결단에 따르는 결과로서 인간의 책임을 강조하고 있는 것이다.

정약용은 '인·의·예·지(仁義禮智)'의 덕이 주자학의 견해처럼 열매 속에 씨가 들어 있듯이 마음속에 처음부터 내재되어 있는 것이 아니라, 꽃이 피어나서 열매를 맺는 것처럼 행동한 다음에 그 성과로서 이루어지는 것임을 확인한다. 따라서 그는 '인(仁)'에 대해 주자가 "마음의 덕이요 사랑의 이치이다"라고 해석한 것을 거부하고, '인(仁)'자는 인(人)과 인(人)을 중첩시킨 글자로서 "사람과 사람이 그 본분을 다하는 것이 '인'이다"라고 제시하였다. 그것은 '인'을 인간 내면의 본질로 보려는 성리학적 해석을 벗어나서 구체적 인간관계 속에서 실천되는 규범이요, 실천의 성과로 이루어지는 결실로 파악하는 것이다.

민생과 백성의 재발견

민생의 중시와 백성(民)의 발견

 정약용의 시문학에서는 민(民)이 가장 뚜렷하게 드러난다. 그는 강진에서 유배생활을 하는 동안에 「탐진촌요(耽津村謠)」나 「탐진어가(耽津漁歌)」 및 「탐진농가(耽津農歌)」 등을 지어 서민생활의 풍속과 노동의 풍경을 생생한 토속 언어로 그려내는 '조선시(朝鮮詩)'의 세계를 보여주었다. 그는 도학전통의 선비 기풍에서는 어느 정도 혐오감으로 무시하거나 무관심 속에 버려두었던 속되고 잡스러운 서민들의 생활모습을 전면에 드러냄으로써 그의 실학정신의 한 면모를 보여 주었다. 또한 그는 그 시대 현실 속에서 백성이 당하는 고통에 가장 예민하게 감응하여, 이른바 '사회시(社會詩)'를 통해 그 시대에 착취당하고 고통 받는 백성들의 비참한 현실을 고발하였다. 이처럼 그의 경세학적 관심은 그의 시문학적 세계와 긴밀하게 연결됨으로써 더욱 강한 생동감으로 제시되고 있는 것이 사실이다.

경학과 더불어 정약용의 사상적 중심과제였던 경세학은 사회 현실의 근본적 재검토를 통한 개혁사상으로서 정치구조와 행정체제, 형률제도, 경제제도를 비롯하여 생산기술과 군사제도 등에 이르기까지 다양한 영역의 광범한 문제에 걸쳐 종합적 체계를 이루고 있다. 또한 그의 제도개혁론은 현실적 효율성만을 추구하는 것이 아니라, 폐단의 비판적 검토와 지리·역사·풍속 등 다양한 요소의 엄격한 고증과 과학적 정밀성을 추구하며, 사회·경제적 개혁 방안의 실효성을 추구하면서도, 동시에 모든 문제를 도덕적 정당성의 윤리적 기초 위에 수립하는 일관된 태도를 보여준다.

그의 경세학을 대표하는 저술인 '일표이서'는 『경세유표』와 『목민심서』 및 『흠흠신서』로, '백성(民)'의 문제를 기본과제로 삼고 있다. 특히 그는 사회 전반의 모순을 개혁하기 위한 노력의 일환으로 지배계층의 의무와 백성의 권리를 각성시키고자 노력하였다.

그는 "목민관이 백성을 위해서 있는 것인가? 백성이 목민관을 위해 있는 것인가?"(「原牧」)라는 질문을 통해 백성을 다스리는 임금이나 목민관(君牧)과 다스림을 받고 있는 백성의 관계에서 통치체제의 본질적 의미를 묻고 있다. 여기서 그는 "목민관이 백성을 위해서 있는 것이지, 백성이 목민관을 위해서 있는 것이 아니다"라고 대답하여, 목민관이 백성을 위해 존재해야 한다는 본래적인 상호 관계를 확인함으로써, 동시에 목민관은 고통을 주고 백성은 고통을 당하는 현실을 주목하여 일방적인 '억압—피해' 관계를 극명하게 드러내고 있다.

그는 "백성은 토지를 밭으로 여기는데 벼슬아치들은 백성을 밭으로 삼으니, 살갗을 벗기고 골수를 두들기는 것을 밭갈이로 삼으며 머릿수를 세어 거두어들이는 것을 가을걷이로 삼는다"(『목민심서』)라고 하여, 목민관이란 백성을 위해 봉사해야 하는데도 수령과 아전(衙吏)들이 백성들을 착취하는 현실을 고발하였다.

그는 수령으로서 빈곤한 백성을 매질하여 피를 빨고 기름을 핥는 자는 작은 도적일 뿐이라 하고 감사(監司 : 관찰사)를 큰 도적이라 지목하였다. 이처럼 그는 어떤 흉악한 도적보다 더욱 잔혹한 도적으로 감사의 탐학상을 고발하면서, "큰 도적을 제거하지 않으면 백성을 다 죽이게 된다"고 선언하여, 탐학한 목민관을 징벌함으로써 백성을 구출해야 할 것을 강하게 역설하고 있다.

그가 그 시대의 현실을 직시하여 사회적 모순과 비리를 파헤치는 데 진지하고 과감한 용기를 보여 주고 있는 것은 그의 '백성'에 대한 열정적인 사랑의 자세에서 비롯된 것이다. 그가 날카롭게 비판을 가하고 고발하였던 것은 권력을 독점한 관료의 탐욕과 부패로 '백성'이 착취당하고 고통 받는 현실이었다. 그는 이를 해결하기 위한 방법으로 '백성'의 주체적 지위를 확인하였으며, '백성'을 위해 봉사해야 할 목민관(牧)의 책임과 의무를 강조하였다. 이러한 민본(民本)원리와 민권(民權)의식은 우리 시대의 민주주의적 가치질서와 소통하는 것이라 할 수 있다.

정약용은 백성의 생존에 가장 큰 해독은 백성을 착취하는 부패 권력임을 인식하고, 목민관과 백성의 왜곡된 관계를 바로잡기 위해 우선 '백성'을 정치의 주체로 확인하려고 하였다. 비록 오늘의 서구적 민주주의 제도나 이념과는 상당한 거리가 있지만, "천자라는 것은 대중이 추대해서 되는 것이다"(「湯論」)라고 선언함으로써, 천자의 지위란 하늘에서 떨어진 것도 아니고 땅에서 솟아난 것도 아니며 백성들이 추대한 것이라 선언한다. 여기서 그가 백성이 천자를 선출하는 '추대'의 제도를 상고(上古)의 원형으로 확인하여, 권력 구조의 근본원리를 제시했던 것은 그 시대 상황 속에서는 혁명적인 발상의 전환을 의미한다.

그는 "옛날에는 아래에서 위로 추대하였으니 아래에서 위로 올리는 것이 순조로운 것(順)이 되고, 지금은 위에서 아래로 임명하니 추대하는 것은 거스르는 것(逆)이 된다"(「湯論」)고 하여, 아래의 대중으로부터 위로 정치 지도자를 선택해 가는 '추대'의 과정을 이상적인 옛 법도(古道)로서 사회질서의 자연법을 따르는 '순리(順理)'로 확인한다. 따라서 위에서 임금이 아래로 벼슬을 임명해 내려가는 것은 후세의 왜곡된 제도로서 본래의 사회질서에 역행하여 인위적으로 정착시켜 놓은 역리(逆理)로 규정하는 것이다.

정약용은 제왕의 권력은 천명을 통해 받은 것이라고 하여 제왕권을 신성화하던 봉건적 전통에 대해 혁명적인 변혁의 이상을 제시하였다. 그만큼 백성을 지도자 선출권을 가진 정치 주체로 인식하였던 것이다. 이러한 논리는 미래에 실현될 이상으로서 백성의 선거권을 고대의 법도에 투영하여 제시하였던 것이라 할 수 있다. 그것은 백성을 제왕 선출권을 가진 정치의 주체로 파악함으로써, 백성을 정치의 객체로 규정하여 보호와 사랑의 대상으로만 파악하는 입장에서 분명히 진일보한 것이다.

그는 백성이 임금까지도 뽑아 올린다는 선출권 내지 추대권만을 인정하는 데서 그치지 않고, 한 걸음 더 나아가 백성에 의한 임금의 축출권마저도 뚜렷하게 암시하고 있다. 여기서 그는 왕권에 저항하는 혁명권을 정당화하고, 탕 임금이 걸 임금을 축출한 것을 정당한 것으로 인정하고 있다. 백성이 임금에 대한 지지와 거부를 선택할 수 있다는 의식은 임금에 대해 신민(臣民)으로서 무조건 충성을 바쳐야 하는 예속적 규범질서와는 확연히 구별된다. 그것은 제후나 귀족들 사이에서 국가권력을 교체하는 역성(易姓)혁명을 인정한 맹자의 혁명론보다도 한 걸음 더 나아간 것으로서, 근대적 국민 주권론에 속하는 것으로 볼 수도 있다.

정약용이 살았던 조선후기 사회는 신분적 계층질서에 상당한 동요가 일어나는 동시에, 사회 내의 신분적 갈등이 심하게 노출되던 시대였다. 1811년 평안도에서 서북 지역 사람을 차별한 데 대한 항의를 명분으로 내걸고 일어났던 홍경래(洪景來)의 반란을 비롯한 서민층의 저항은 이미 조선왕조의 사회적 기강이 심각하게 붕괴된 현상을 분명하게 드러내었다. 이러한 상황에서 양반·중인(中人)·상민(常民)·천인(賤人)으로 나누는 신분의 계층화를 강상(綱常)의 명분으로 삼아 고수하려는 지배계층의 집착에 대해 실학자들의 꾸준한 비판이 계속되어 왔다. 이런 맥락에서 정약용은 신분타파를 통한 평등론의 이상을 제시함으로써 사회체제에 대한 과감하고 혁신적인 개혁의식을 밝혔던 것이다.

정약용은 당시 사회가 인재를 쓰는 데 얼마나 불평등하고 당파적 폐쇄성에 빠져 있는지를 구체적으로 지적하여, "온 나라의 인재를 다 뽑아 올려도 오히려 부족할까 염려스러운데, 하물며 그 열 가운데 여덟 아홉은 버린단 말인가?……평민[小民]은 그 버려진 자이고, 중인(中人)도 버려진 자이다. 평안도와 함경도 사람도 버려진 자요, 황해도·개성·강화도 사람도 버려진 자이다. 강원도와 전라도 사람도 반쯤 버려진 자요, 서얼(庶孼)도 버려진 자이다. 북인(北人)과 남인(南人)은 버린 것은 아니나 버려진 사람과 같고, 버려지지 않은 사람은 오직 문벌 좋은 수십 집뿐이다"(「通塞議」)라고 밝히고 있다. 이런 인식에 근거하여 그는 재주와 기능으로 인재를 뽑는 새로운 과거시험 제도[茂才異能科]를 설치하여 문벌·지방·당파의 타파는 물론이고, 신분의 차별을 타파하여 서얼과 천민에 이르기까지 등용의 길을 열어 주도록 요구하였다.

그는 "나에게는 소망하는 바가 있다. 온 나라가 양반이 되게 하는 것이다. 그렇게 하면 온 나라에 양반이 없게 될 것이다"(「跋顧亭林生員論」)라고 하여, 차별적 신분제도를 전면적으로 타파하고 인간의 사회적 평등을 확립하는 이상을 자신의 소망으로 밝히고 있다. 나아가 그는 "하늘은 그 신분이 관리인가 백성인가를 묻지 않는다"(『맹자요의』)라고 선언함으로써, 인간이 하늘 앞에서 신분과 지위에 의해 차별되지 않는다는 근원적 평등성을 밝히고 있다. 이러한 사회사상의 핵심을 이루는 신분평등론은, "위에 존재하는 것이 하늘이요, 아래에 존재하는 것은 백성이다"(『尙書知遠錄』)라고 밝혀, 모든 인간을 평등한 이웃으로서 하늘 앞에 서게 하는 새로운 인간관으로 제시되고 있다.

목민관의 정신자세와 민생을 위한 행정

정약용은 정부와 백성의 관계를 심장과 사지(四肢)의 관계로 비유하여, 심장이 건강해야 사지가 활발하게 움직이고 사지가 건장해야 심장도 튼튼할 수 있는 상생(相生)관계로 확인함으로써, 심장이 사지를 해치고 사지가 심장에 거역하는 상극(相克)작용을 하는 당시 현실의 모순을 제시하고 있다. 또한 그는 하늘이 백성 모두가 다 함께 살아가도록 하기 위해 군주와 목민관을 세웠다고 밝혔다. 따라서 그는 군주와 목민관이 맡은 임무가 바로 빈부의 격차가 심화되고 강자가 약자를 침탈하는 것을 막아 백성을 함께 살아가도록 하는 데 있음을 역설하였다.

여기서 그는 경제적 분배의 균평을 통하여 민생의 안정이 전제될 때 평등의 실질적 효과가 확보될 수 있음을 주목하였다. 이에 따라 그는 제대로 된 임금과 목민관이란 "재산을 고르게 마련해서 다 함께 살리는 자"라 규정하고, 분배의 균평을 실현하기 위해서는 "부자의 것을 덜어내서 가난한 자에게 보태주어 그 살림을 고르게 할 것"(「田論」)을 강조하고 있다. 당시 재산의 균평한 분배를 실현하기 위한 제도개혁의 가장 중대한 문제는 토지소유 문제였다. 그는 토지소유 제도의 개혁방법으로서 농민이 땅을 가져야 한다는 '경자유전(耕者有田)'의 원칙과 재산을 고르게 하여 백성을 다 함께 살려야 한다는 '균산병활(均産竝活)'의 원칙에 따라, 1여(閭 : 30호)가 공동으로 농지를 소유하고 협동으로 영농하게 하는 '여전제(閭田制)'를 제안하기도 하였다.

그는 요·순의 옛 법도로서 '정전(井田)' 제도를 토지의 단순한 균등분배가 아니라 노동력이 풍부한 농민에게 좋은 토지를 많이 지급하는 것이요, 조세제도를 바로잡아 백성의 부담을 가볍게 하는 것이라 하여, 획일적인 균등화가 아니라 생산을 높이고 백성들에게 실질적 이익이 돌아가도록 하는 것을 옛 제도의 본래 정신으로 밝히고 있다.

한 걸음 나아가 정약용은 토지제도나 조세제도의 균평을 넘어서 민생의 경제적 향상을 위한 방법으로서 적극적으로 생산증대의 방법을 개발하는 데 관심을 기울였다. 곧 서양의 기계와 수리(水利)제도 등 생산기술을 도입하고 개발함으로써 생산 활동의 편리와 능률을 높이고, 생산자에게 이익을 보장하는 행정의 원칙을 강조하였다. 또한 그는 노동의 신성성을 중시함으로써, 생산자가 사회적으로 존중되는 의식개혁을 추구하는 경제원리를 구체적으로 모색하고 있다.

이와 더불어 그는 공장(工匠)을 우대하고 수레 및 도로의 정비를 통한 유통시설의 확대를 도모하는 데 이르기까지 경제활동을 향상시키기 위한 방법을 복합적으로 강구한다. 그는 국가의 부강과 민생의 향상을 위하여 생산과 유통 등에서 경제적 성장의 중요성을 인식하고 이를 성취하기 위한 제도와 방법을 치밀하게 연구하고 체계적으로 제안하고 있다.

또한 선비가 독서만 하고 노동을 거부할 권리가 없음을 강조하여, 선비도 농업·공업·상업의 생업을 가지도록 요구하였다. 그만큼 노동의 정당성과 의무를 강조하는 것이기도 하다. 그는 도학이념의 당시 사회가 드러내는 모순으로 도덕을 중시하면서 이윤 추구를 천시하는 맹점과 직업의 귀천을 구별하는 폐습을 타파해야 할 필요성을 강조하고 있다. 이러한 왜곡된 도덕의식과 신분적 직업의식을 타파함으로써 차별화와 빈곤에 빠진 사회 체질을 변혁하여 생산의 활기를 살려내고, 나아가 분배가 고르게 되는 조화로운 사회개혁이 바로 그의 경세학이 추구하는 핵심과제였다.

정약용의 경세학은 민생을 끌어올려 균평한 사회질서의 실현을 추구하는 것이요, 그 제도와 방법은 『목민심서』를 통해 구체적으로 제시되고 있다. 먼저 그는 목민관이 백성을 다스리는 책임을 다하기 위해서는 목민관으로서의 정신자세[心法]을 갖추어야 한다고 요구하였다. 그것은 다스리는 자가 언제나 자신의 인격적 수양[修己]에 바탕하여 백성을 다스려야[治人] 한다는 유교적 통치원리를 따르고 있는 것이다. 여기서 그는 "군자의 학문은 수신(修身)이 절반이요 나머지 반은 목민(牧民)이다"(「牧民心書序」)라고 하여, '목민' 곧 백성을 다스리는 일에 '수신'이라는 인격적 기반을 요구하여, 행정의 실무에 앞서서 올바른 정신자세의 확립을 강조하였다. 그는 목민관으로서 요구되는 정신자세를 '자신을 다스려라(律己)' · '공무에 봉사하라(奉公)' · '백성을 사랑하라(愛民)'의 세 가지 강령으로 제시하고 있다. 곧 목민관으로서 자신을 신칙하는 도덕적 각성과, 이기심을 버리고 국법을 받들어 공무에 봉사하는 사회적 책임의식, 그리고 백성을 사랑으로 보살피는 헌신적 자세를 전제로 요구한 것이다.

또한 그는 재판을 담당한다는 것이 목민관으로서 백성의 생명을 소중히 하고 선량한 백성을 보호해야 하는 역할이라는 점을 중시하여, "오직 하늘만이 사람을 살리고 죽이니, 사람의 목숨은 하늘에 달려 있는 것이다. 그런데 목민관이 그 중간에서 선량한 사람을 편히 살게 해주고, 죄 있는 사람을 잡아다 죽이는 것은 하늘의 권한을 드러내 보이는 것일 뿐이다"(「欽欽新書序」)라고 밝혔다. 이처럼 목민관으로서 재판을 하는 정당성의 근거는 '하늘의 권한[天權]'을 드러내는 데 있는 것인 만큼, 사사로움에 빠지거나 소홀함이 없이 삼가고 두려워해야 할 책임을 강조하였던 것이다. 그는 백성의 생사가 걸려 있는 문제에 억울한 일이 없이 공정한 판결을 내리기 위한 원칙으로서, 옥사가 밝히기 어려울 때는 용서하는 것이 덕의 기본임을 역설하였다.

나아가 그는 목민관이 농기구와 베틀을 만들어서 경작과 길쌈을 권장하고, 손수레를 만들어 백성들이 편리하게 농사하도록 하고, 벽돌과 기와 굽는 법을 가르쳐서 온 성안을 벽돌과 기와집으로 만들게 하기를 권장하면서, 이를 실현하기 위해 기술자들을 보호하여 생산을 높이고 교역을 하여 재화를 풍부하게 할 것을 강조하였다. 그는 새로운 기술의 중요성을 강조하고, 기술은 사람이 많이 모일수록 더욱 정교해지고 후세로 내려올수록 더욱 교묘하게 발달한다는 기술의 진보를 중시한 것이다.

4장

왜 지금 다산 사상이 중요한가

도덕적 합리성을 위하여

정약용이 활동하던 시절, 그의 학문을 이해하거나 평가하는 사람은 별로 없었다. 그와 직접 만나 토론을 벌였던 극소수의 학자들 사이에서만 그의 사상이 평가되었고, 그래서 매우 한정적인 평가만이 이루어졌다. 그의 이론이 매우 독창적이고 논쟁적으로 전개되었음에도 불구하고 그의 학문과 사상은 널리 논의되지도 않았고 많은 사람들의 관심을 불러일으키지도 못하였다. 아마 그의 사상이 시대를 상당히 앞서 갔기 때문이라 보인다.

그러나 그가 죽은 지 반세기가 지나고 우리 역사가 구한말(韓末)의 개화(開化)시대로 급변하는 상황에 접어들면서 갑자기 그에 대한 관심이 높아지고 그의 저술에 사람들의 시선이 모여들기 시작하였다.

1880년 백암 박은식(白巖 朴殷植)은 개화사상가로 전환하는 과정에서 마재로 찾아가 정약용의 저술을 읽으면서 큰 영향을 받았다. 개화 정국을 이끌어가야 했던 고종(高宗) 임금은 1882년 정약용의 저술을 전부 필사하여 궁중에 갖추어 두게 하고 열람하였으며, 정약용이 그 시대에 함께 있지 못함을 아쉬워 했다고 한다.

특히 『목민심서』는 지방 수령의 행정에 유용한 지침으로 주목되어 일찍부터 여러 사람들 손에 의해 베껴서 전파되다가 1901년에 와서야 4책으로 간추린 판본이 처음 인쇄되어 나왔다. 이어서 위암 장지연(韋菴 張志淵)은 광문사(廣文社)에서 1902년 『목민심서』의 간행을 비롯하여 『흠흠신서』·『아언각비』·『이담속찬』·『경세유표』·『아방강역고』 등을 잇달아 간행하는 데 주도적 역할을 하였다. 이는 격변하는 시대에서 그의 사상이 새로운 빛이 되고 있다는 것을 말해주는 것이다.

특히 『아방강역고』는 우리의 역사지리를 일일이 고증한 그의 탁월한 연구 성과로, 국가 존망의 위기에서 민족의식을 촉발시키는 하나의 계기를 마련해 주었다. 이에 영향을 받은 장지연은 『대한강역고(大韓疆域考)』를 저술하여 그의 우리 역사지리 연구를 계승하고 있다.

일본의 침략으로 대한제국이 무너지기 직전인 1910년, 순종은 정약용이 문장과 경제에 탁월함을 인정하여 '문도(文度)'라는 시호를 내렸으며, 규장각 제학(堤學 : 정2품)을 증직(贈職)하였다. 이 때에야 비로소 그에게 붙여졌던 '사학죄인(邪學罪人)'이라는 죄명이 공식적으로 완전히 씻겨진 셈이다.

1936년 그의 사후 100주년이 되는 해를 맞아 전국적인 헌금으로 그의 저술을 간행하는 사업이 추진되어, 1935년부터 5년간에 걸쳐 신조선사에서 활자본으로 『여유당전서』 76책이 간행되었다. 뿐만 아니라 강연회를 비롯하여 그를 기념하는 다양한 행사가 크게 일어났다. 또한 그의 사상과 학문이 지닌 가치가 신문이나 잡지 등에서 적극적으로 평가되어 높여지면서 그는 마침내 한국사상사에 빛나는 큰 별로 떠올랐다.

해방 이후 정약용의 사상에 관한 연구서로서 북한에서 나온 최익한(崔益翰)의 『실학파와 정다산』(1955)을 비롯하여, 국내에서는 홍이섭의 『정약용의 정치경제사상 연구』(1959)와 이을호의 『다산 경학사상 연구』(1966)가 첫머리에 오고, 최근에 와서는 엄청난 분량의 저술과 연구논문 및 번역서들이 쏟아져 나와, 그의 사상이 우리 시대에 얼마나 소중한 유산인지를 확인해 주고 있다.

정약용의 저술을 집성한 『여유당전서』는 이미 우리에게는 가장 중요한 고전의 하나이다. 먼저 그의 학문과 사상이 한국사상사에서 지닌 의의는 그가 주자의 경학체계를 넘어서 실학의 경학적 세계를 정립하였다는 점에서 확인할 수 있다.

도학은 다양한 철학적 쟁점을 제기하였지만 언제나 주자의 철학체계에 공통적으로 기반을 두고 있다. 이에 반해 실학의 철학체계는 동일한 기준을 가지지 않은 다양한 모습을 보여 주고 있다. 정약용은 경전 해석을 통해 실학의 철학을 가장 독창적이고 체계적인 이론으로 정립함으로써, 사실상 조선후기 실학의 집대성자로 인정되고 있는 것이 사실이다.

또한 그는 유교 경전을 해석하면서 동양의 유교 전통과 서양의 천주교 교리가 지닌 이질적 세계관을 종합하였다. 따라서 천주교 교리가 제시하는 새로운 세계관의 빛으로 유교 경전의 의미를 창의적으로 해석하는 업적을 이루었다. 나아가 그는 봉건적 신분사회 속에 살면서 정치의 목적은 바로 백성이라는 점을 확인하여 백성의 지위를 높였다.

또한 정치체제를 근대적으로 개혁하기 위한 이상을 밝힘으로써, 근대를 향한 사회개혁의 방향을 제시하였다. 오늘에서 보면 당시는 여전히 군주제도와 신분사회를 벗어나고 있지 못한 봉건 사회에 불과했다. 그러나 그는 백성에 대한 차별과 억압이 철폐되고, 백성이 주체가 된 정치체제가 성립되기를 꿈꾸었다. 균등한 분배를 추구하면서도 개인의 능력을 충분히 존중하여 모두의 평등이 보장되는 근대적 사회질서를 이상적으로 생각하고 추구하였던 것이다.

또한 정약용의 사상이 우리 시대에서 지닌 의의를 생각해 보자. 우선 그는 유교 경전을 새롭게 해석하면서 인간이 자율적으로 도덕적 판단을 하고, 책임을 질 수 있다고 하였다. 권위적으로 요구되는 도덕규범이 아니라 도덕성을 능동적으로 실천할 수 있는 능력이 있다는 것을 각성시켜 주고 있다는 사실이 중요한 의미를 지닌다.

또한 인간에 대한 사랑을 인간의 도덕성의 근본으로 확인함으로써 인간관계의 화합과 사회적 결속을 강조한 것은 개인주의와 이기적 동기가 팽배한 우리 시대의 문제점을 해결하는 데 의미 있는 방향을 제시해 주는 것으로 주목된다.

그가 합리적 제도와 행정의 효율성을 체계적으로 제시한 경세학에서도 언제나 그 바탕에 인격적 도덕성을 전제로 확인함으로써, 도덕성과 제도의 긴밀한 일관성을 확립하고 있는 사실은 우리 시대에서 법률이나 제도가 도덕성과 단절된 기능으로 운영되는 데 따른 문제점을 극복하는 데 소중한 지혜가 될 수 있는 것으로 본다.

 곧 인격적 도덕성과 합리적 기능이 통합됨으로써 인간사회의 품격과 향상을 동시에 실현하는 길을 열어줄 수 있을 것이다.

2부 다산 저작선

『여유당전서』는 크게 시문집(詩文集)·잡찬집(雜纂集)·경집(經集)·예집(禮集)·악집(樂集)·정법집(政法集)·지리집(地理集)·의학집(醫學集)의 여덟 가지 유형으로 분류되어 있다. 그의 사상을 간결하게 제시한 내용의 글들은 주로 「시문집」에 실려 있다. 여기에 뽑은 그의 글들은 모두 「시문집」에 수록된 것이다. 시(詩), 책(策), 의(議), 소(疏), 론(論) 등 다양한 종류의 글 중 대표적인 글을 골고루 뽑고자 하였다. 서(序)에 속하는 글을 여러 편 뽑은 것은 그의 사상에서 중요한 영역인 예학과 경세학에 관한 방대한 저술의 내용을 서문을 통해서나마 엿보고자 의도한 것이다.

칼춤 시를 지어 미인에게 주다(舞劍篇贈美人)

계루고(작은 북) 한번 울려 풍악이 시작되니	雞婁一聲絲管起
넓디넓은 좌중이 가을 물처럼 고요한데	四筵空闊如秋水
진주성 성안 여인 꽃 같은 그 얼굴에	矗城女兒顏如花
군복으로 단장하니 영락없는 남자로다	裝束戎裝作男子

보랏빛 쾌자에 청전모 눌러 쓰고	紫紗褂子靑氈帽
좌중 향해 절 올리고 발꿈치 이내 돌려	當筵納拜旋擧趾
박자 소리 맞추어 사뿐사뿐 종종걸음	纖纖細步應疏節
쓸쓸이 물러가다 반가운 듯 돌아오네	去如怊恨來如喜

나는 선녀처럼 살짝 날아 내려앉으니	翩然下坐若飛仙
발아래 곱디고운 가을 연꽃 피어나네	脚底閃閃生秋蓮
몸 굽혀 거꾸로 서서 한참 동안 멈추는데	側身倒挿蹲蹲久
열 손가락 번득이니 뜬구름과 흡사하네	十指翻轉如浮雲

한 칼은 땅에 놓고 또 한 칼로 춤추니	一龍在地一龍躍
푸른 뱀이 백 번이나 가슴을 휘감는 듯	繞胸百回靑蛇纏
홀연히 쌍칼 잡자 사람 모습 간데없고	焂忽雙提人不見
삽시간에 구름 안개 허공에 자욱하네	立時雲霧迷中天

전후좌우 휘둘러도 칼끝 서로 닿지 않고	左鋋右鋋無相觸
치고 찌르고 뛰고 굴러 어지럽고 놀라서 보네	擊刺跳躍紛駭矚
회오리바람 소나기가 겨울 산에 몰아치고	颷風驟雨滿寒山
붉은 번개 푸른 서리 빈 골짜기서 다투는 듯	紫電靑想鬪空谷

놀란 기러기 멀리 가 안 돌아올 듯싶더니만	驚鴻遠擧擬不反
성난 새매처럼 내리 덮쳐 쫓아가지 못할러라	怒鶻回搏愁莫逐
쨍그렁 칼 던지고 날듯이 돌아오니	鏗然擲地爺然歸
예처럼 가는 허리 의연히 한 줌일세…	依舊腰支纖似束

교지를 받들고 순찰하던 중 적성의 시골집에서 짓다(奉旨廉察到積城村舍作)

시냇가 찌그러진 집 뚝배기와 흡사한데	臨溪破屋如瓷鉢
북풍에 이엉 걷혀 서까래만 앙상하다	北風捲茅椽齾齾
묵은 재에 눈 덮여 부엌은 차디차고	舊灰和雪竈口冷
채 눈처럼 뚫린 벽에 별빛이 비쳐드네	壞壁透星篩眼豁
집안에 있는 물건 쓸쓸하기 짝이 없어	室中所有太蕭條
모조리 다 팔아도 칠팔 푼이 안 된다오	變賣不抵錢七八
개꼬리 같은 조 이삭 세 줄기 걸려 있고	尨尾三條山粟穎
닭 창자 같은 마른 고추 한 꿰미 놓여 있다	鷄心一串番椒辣

깨진 항아리 뚫린 곳 헝겊으로 발랐고	破罌布糊敲穿漏
찌그러진 시렁대는 새끼줄로 얽매였네	庋架索縛防墜脫
놋수저는 지난날 이정에게 빼앗기고	銅匙舊遭里正攘
쇠 냄비는 엊그제 옆집 부자 앗아갔지⋯	鐵鍋新被隣豪奪

큰아이 다섯 살에 기병으로 등록되고	大兒五歲騎兵簽
작은애도 세 살에 군적에 올라 있어	小兒三歲軍官括
두 아들 세공으로 오백 푼을 물고 나니	兩兒歲貢錢五百
어서 죽길 원할 판에 옷이 다 무엇이랴⋯	願渠速死況衣褐

아침 점심 다 굶다가 밤에 와서 밥을 짓고	晝闕再食夜還炊
여름에는 솜 누더기 겨울에는 삼베 적삼	夏每一裘冬必葛
들 냉이나 캐려 하나 땅이 아직 아니 녹아	野薺苗沈待地融
이웃집 술 익어야만 찌끼라도 얻어먹지	村蒭糟出須酒醱

지난봄에 꾸어 먹은 환자가 닷 말이라	餉米前春食五斗
이로 인해 금년은 정말 살 길 막막하다	此事今年定未活
나졸 놈들 문밖에 들이닥칠까 겁날 뿐	只怕邏卒到門扉
관가 곤장 맞을 일 걱정일랑 하지 않네⋯	不愁縣閣受笞撻

굶주리는 백성들(飢民詩)

줄줄이 고을 문 걸어 들어가서　　　　　　　　行行至縣門
입 쳐들고 죽 가마 앞으로 모여들더니　　　　　喁喁就湯麋
개돼지도 버리고 마다할 것을　　　　　　　　　狗彘棄不顧
사람으로 엿처럼 달게 먹누나…　　　　　　　　乃人甘如飴

엄숙하고 점잖은 고관님네들이여　　　　　　　肅肅廊廟賢
나라의 안위가 경제에 달려 있다네　　　　　　經濟仗安危
이나라 백성들이 도탄에 허덕이니　　　　　　　生靈在塗炭
그대들 아니면 그 누가 구제하랴…　　　　　　拯拔非公誰

고관집엔 술과 고기 많기도 하고	朱門多酒肉
이름난 기생 맞아 풍악을 울리네	絲管邀名姬
태평세월 만난 듯 한껏 즐기며	熙熙太平象
대감님네 풍도라 거드름 부리네…	儼儼廊廟姿

주린 백성이 먹는 들보리 있다고 한들	雖有烏昧草
대궐에 바쳐서 무슨 소용 있으랴	不必獻丹墀
형제간에 서로 연민함이 없어졌는데	兄長不相憐
부모인들 자애를 베풀까 보냐	父母安施慈

전선책(戰船策)

...... 대체로 내지(內地)에서 적(賊)을 막는 것보다는 바다 밖에서 적을 막는 것이 낫고, 평지에서 용병(用兵)할 적에는 군사를 사지(死地)에다 묶어 두는 것이 낫다. 전선(戰船)은 나라를 지키는 데 있어 매우 이로운 기구이다. 조수와 바람을 이용하여 마음대로 나아가거나 물러날 수도 있고, 또 편리한 대로 포화(砲火)를 발사하여 공격할 수도 있다. 전선으로 돌격하면 가벼운 전차(戰車)나 날랜 기병(騎兵)도 따르지 못할 정도이고, 적을 포위하면 장사진(長蛇陳)이나 조익진(鳥翼陣)보다도 우세하다.

그런데 어찌하여 우리나라에는 전선의 제도에 대하여 아직도 황무지에서 헤어나지 못하고 있는가. 소정방(蘇定方)이 바다를 건너왔을 때에 백마강(白馬江)에는 한 척의 작은 배도 없었고, 원 세조(元世祖)가 일본을 정벌할 적에는 1만 척이나 되는 배가 일기도(一岐島)에서 전부 격파 당하였다. 삼면(三面)이 바다로 둘려 있는 나라로서 해구(海寇)를 방비함에 있어 다른 나라보다 갑절 이상이 되어야 하는데도 소루하고 지리멸렬한 것이 예부터 이러했으니, 뜻있는 사람이 어찌 안타까워하지 않을 수 있겠는가.

이순신(李舜臣)이 한산도(閑山島)에서 왜적을 쳐부술 적에는 어떤 진법(陣法)을 썼고, 신유(申瀏 : 조선 숙종 때의 무신으로 1658년에 羅禪征伐에 참여)가 흑룡강(黑龍江)에서 청(淸)나라를 도와 전투할 때 그가 적을 무찌른 술책은 어떤 것이었는가. 거북선의 제도는 어떤 법을 본뜬 것이고, 골선(鶻船)을 만들자고 주청한 사람은 누구인가. 전선(戰船)과 병선(兵船)은 어찌하여 명칭이 다르고, 방선(防船)과 협선(挾船)은 어찌하여 달리 부르는가. 거도선(艍舠船)이 가장 많은 곳은 어느 군영이고, 맹선(猛船)은 그 등급이 몇 층인가.

부분적으로 수리하는 것과 새로 만드는 데 대한 기한이 도(道)마다 각각 다르고, 주진(主鎭)과 속진(屬鎭)의 제도는 서로 유지(維持)하게 하는 데 뜻이 있다. 이에 대해 낱낱이 상세하게 말할 수 있는가. 튼튼하여 무겁고 크게 만들면 왜선을 제압하기는 이롭지만 운행하기가 지극히 어렵고, 가볍고 날

래게 만들면 적선을 추격하기는 이롭지만 부서지기 쉬운 우려가 있으니, 이 두 가지 중에서 어느 법이 나은가. 한 군데에만 매어 두면 중요한 부품을 녹슬지 않게 해야 되는 본의에 어긋나고, 돌아다니며 장사하도록 허가해 주면 급할 적에 격문(檄文)을 띄워 불러들일 방법이 없다. 이 두 가지 가운데 어떤 의논이 좋은 것인가……

선비에 대하여 물음(問儒)

곡산부(谷山府) 향교(鄕校)에서 선비를 시험 보였다.

    묻는다. 『주례(周禮)』 「천관(天官)」편에 '도덕으로 민심을 얻는 사람을 선비(儒)라 한다'고 하였으니, 선비란 명칭이 어찌 크지 않은가. 선비에 대한 설명은 「유행(儒行)」(『예기』의 편명) 17장보다 더 상세한 것이 없다. 이것을 어떤 이는 성현(聖賢)의 일로서 각각 지적한 바가 있다 하고, 어떤 이는 공자(孔子)의 말로서 사실은 자신을 말한 것이라 하는데, 지금 이를 분석하여 상세히 논할 수 있겠는가.

    유도(儒道)에는 현(賢)과 사(邪)가 없어야 당연한데 『논어(論語)』에서 군자(君子)와 소인(小人)을 나눈 것은 무엇 때문이며, 유풍(儒風)에는 한계가 없어야 당연한데 역사서에서 산동(山東)과 하북(河北)을 분별한 것은 무엇 때문인가.

한 고조(漢高祖)는 유관(儒冠)에 오줌을 누었으나 유풍(儒風)이 서경(西京 : 長安을 말함)에 크게 떨쳤고, 당 효문제(唐孝文帝)는 태학관(太學館)을 지었으나 건중(建中 : 唐 德宗의 연호) 때에 문득 유림의 화(禍)가 일어났으니 나라를 세울 때의 규모는 후세와 관계가 없는 것이며, 양웅(揚雄)은 이단(異端)으로 돌아갔으나 선비를 숭상하는 의론이 삼재(三才 : 하늘·땅·사람)를 거론하기에 이르렀고, 급암(汲黯)은 바른 사람이라는 이름이 났으나 선비를 헐뜯었다는 소문이 천고에 유전되었으니 그 까닭을 들을 수 있겠는가.

 수유(豎儒)·부유(腐儒)·비유(鄙儒)·구유(拘儒)라 하여 조롱한 말도 많고, 도유(盜儒)·천유(賤儒)·이유(俚儒)·공유(空儒)라 하여 배척한 예도 하나가 아닌데 그 이름을 낱낱이 지적할 수 있겠으며, 안자(顔子)·증자(曾子)·자사(子思)·맹자(孟子)는 다 같이 유종(儒宗)인데도 순유(醇儒)라는 지목이 홀로 맹자에게만 돌아갔고, 수하(隨何)·육가(陸賈)·신배(申培)·숙손통(叔孫通)은 모두 선비인데도 통유(通儒)라는 칭호가 오직 숙손통에게만 있었으니, 그 뜻을 상세히 말할 수 있겠는가.

 사장(詞章)은 당나라 때보다 더 성행된 적이 없었는데도 창려(昌黎 : 韓愈를 일컬음)는 덕있는 친구가 없었고, 도학(道學)은 정자(程子 : 程顥와 程頤의 존칭)·소자(邵子 : 邵

雍의 존칭)에게 와서 지극히 융성하였으나 동파(東坡 : 蘇軾의 호)는 따로 학파를 만들었으니, 유학(儒學)과 문장(文章)은 그 길이 같지 않기 때문인가.

무유(瞀儒)란 무슨 책에서 나왔고, 기유(耆儒)는 과연 누구를 가리킨 것이며, 명나라 때 해진(解縉)과 양영(楊榮) 등 제공은 주자(朱子)의 글을 표장(表章)하였으나 주자와 다른 학설이 명나라 말년에 가장 많았고, 황돈(篁墩 : 明나라 程敏政의 별호)은 사실 육상산(陸象山 : 상산은 陸九淵의 호)의 학설을 높였는데도 그의 『심경부주(心經附註)』가 사문(斯文)의 존숭을 받으니, 그 까닭을 모두 지적하여 말할 수 있겠는가.

우리 성상(聖上)께서 선비를 높이고 도학을 중히 여기시며, 문학(文學)을 두둔하고 학관을 일으키시어, 즉위하신 지 20년에 지극한 교화가 넘쳐흐르게 되었으니, 마땅히 팔도(八道) 모든 고을의 선비라 이름하는 이는 함께 인재를 육성하는 교화에 젖어서 모두 현인(賢人)이 많다는 노래에 올라야 할 것이다. 그런데 어찌하여 곡산(谷山) 고을만은 홀로 따뜻한 봄을 막고 스스로 우로(雨露)의 은택을 뒤로 하는가.

향례(鄕禮)에 관한 서적을 반포하여도 예의로써 사양하는 풍속이 진작되지 않고, 향약(鄕約)의 제도를 밝혀도 효제(孝悌)한다는 소문이 들리지 않으며, 석채(釋菜 : 先師의 사당에 올리는 제사) 올리는 반열(班列)에는 떠들어대어 엄숙하지 않고, 채소만을 먹어야 하는 향교(鄕校)에는 글 읽는 소리가 멎었으며, 독점하는 재임(齋任 : 향교 관리인)은 솔개가 새를 채어가듯 하여, 치고받는 송사(訟事)가 반드시 재임과 관련되고, 소위 훈장(訓長)이라는 사람은 살쾡이가 호랑이 행세를 하듯이 빈번한 소장(訴狀)이 모두 훈장에 의해 작성되는가 하면, 시장의 푸줏간에 팔을 흔들며 출입하고, 산림(山林)에 몸을 닦는 선비를 차가운 눈으로 흘겨보며, 학교의 밭에서 생산된 쌀을 자기 주머니에 든 것처럼 마구 쓰고, 향교의 저장된 책을 모두 자기 집 창과 벽에 도배하며, 투호(投壺 : 主客이 화살을 던져 병 속에 넣는 것으로 승부를 가리던 놀이)하는 자리에는 싸우는 기색이 먼저 나타나고, 잔치 모임에는 여전히 시끄럽게 떠들어대니, 선비의 관(冠)을 쓰고 선비의 옷을 입는 장소에서 이러한 풍습이 있으리라고는 생각지도 못하였다.

아, 경서(經書)를 이야기하고 예(禮)를 강론하며 도(道)를 안고 행실을 닦아야 할 것은 아예 말할 나위도 없지만, 심지어 공령(功令 : 科擧用 詩文)의 하찮은 재주와 시(詩)·부(賦)의 작은 기술을 아무리 속유(俗儒)·누유(陋儒)라도 거의 성심껏 진취하려 하는데, 곡산(谷山) 선비들은 하찮은 재주와 작은 기술도 모두 높고 멀어서 행하기 어려운 것으로 간주해 버리는가 하면, 명예가 잠시만 알려져도 문득 선생을 압도한다는 꾸짖음을 부르게 되고, 과거(科擧) 날짜가 돌아오면 다만 뇌물 바칠 길만을 찾으며, 거접(居接 : 과거를 보려고 글방이나 조용한 곳에 모여 공부하는 것)한 지 며칠만 지나면 삼삼오오로 떠나가기를 구하고, 순제(旬題 : 성균관이나 향교에서 유생에게 10일마다 보이던 詩文 시험)를 백 번쯤 되풀이하고도 쩔쩔매는 모습은 예와 다름없으며, 군수(郡守)의 장려(勸奬)에 눈살이 먼저 찌푸려지고, 도백(道伯 : 관찰사)의 향시(鄕試)도 털끝 하나 까딱하지 않는다.

  수안(遂安) 고을은 문사(文士)가 매우 많은데도 분발하는 뜻이 전혀 없고, 신계(新溪) 고을은 진사(進士)가 줄을 이었는데도 전혀 열성적으로 공부하려는 기색이 없다. 선비의 기상과 풍습이 여지없이 이처럼 타락된 것은, 지방을 지키는 벼슬아치가 앉아서 봉급만 축낼 뿐 잘 이끌어 주지 못한 결과이다. 스스로 반성하고 스스로 부끄러워해야지 누구를 원망하겠는가. 지금 온 고을 선비로 하여금 집집마다 예의(禮義)에 맞는 행실을 익히고, 사람마다 경사(經史)의 깊은 뜻을 통하며, 옛 풍속을 크게 진작하여 함께 대도(大道)에 돌아가고, 한편으로 사장(詞章)의 재주를 통하여 점차 벼슬길로 나아가, 궁벽하고 미개한 고을을 문명한 지역으로 변화시키도록 하려면, 그 방법이 어디에 있겠는가. 아, 우리 여러 선비는 각자 마음껏 기술하라.

통색에 대한 논의(通塞議)

신은 엎드려 생각하건대, 인재를 얻기 어렵게 된 지가 오랩니다. 온 나라의 훌륭한 영재(英才)를 뽑아 발탁하더라도 부족할까 염려되는데, 하물며 8~9할을 버린단 말입니까. 온 나라의 백성들을 다 모아 배양(培養)하더라도 진흥시키지 못할까 두려운데, 하물며 그 중의 8~9할을 버린단 말입니까. 소민(小民)이 그 중에 버림받은 자이고, 중인이 그 중에 버림받은 자입니다. 평안도와 함경도 사람이 그 중에 버림받은 자이고, 황해도·개성·강화 사람이 그 중에 버림받은 자입니다. 관동(關東)과 호남(湖南)의 절반이 그 중에 버림받은 자이고, 서얼(庶孼)이 그 중에 버림받은 자이고, 북인(北人)과 남인(南人)은 버린 것은 아니나 버린 것과 같으며, 그 중에 버리지 않은 자는 오직 문벌 좋은 집 수십 가호뿐입니다. 이 가운데에도 사건으로 인해서 버림을 당한 자가 또한 많습니다.

무릇 일체 버림을 당한 집안 사람들은 모두 스스로 폐기하여 문학·정치·농업·군대 등의 일에 마음을 쓰려 하지 않고, 오직 분개하여 슬픈 노래를 부르고 술을 마시며 스스로 방탕합니다. 이 때문에 인재도 마침내 일어나지 않습니다. 사람들은 그들 집안에 인재가 일어나지 않는 것을 보고는 '저들은 진실로 버려야 마땅하다'고 합니다. 아, 이것이 어찌 본래부터 그런 것이겠습니까. 어찌 천지가 그 정기를 모으고 산천이 그 참 기운을 길러 반드시 수십 집 사람에게만 몰아 주고, 더럽고 혼탁한 기운은 나머지 사람에게 뿌려 준 것이겠습니까.

그 태어난 지방이 나쁘다 하여 버리는 것입니까. 김일제(金日磾)는 휴도(休屠)에서 출생하였으니 서쪽 오랑캐(西戎) 사람이고, 설인귀(薛仁貴)는 삭방(朔方)에서 출생하였으니 북쪽 오랑캐(北狄) 사람이고, 구준(丘濬)은 경주(瓊州)에서 출생하였으니 남쪽 오랑캐(南蠻) 사람입니다. 그 어머니의 친정이 천하다 하여 버리는 것입니까. 한 위공(韓魏公 : 魏는 韓琦의 봉호)은 청주(靑州) 관비(官婢)의 아들이었고, 범문정(范文正 : 문정은 范仲淹의 시호)의 어머니는 추잡한 행실이 있었으며, 소강절(邵康節 : 康節은 邵雍의 시호)의 형제는 셋이었는데 성(姓)이 각기 달랐습니다. 이와 같은 자들을 모두 버릴 수 있겠습니까.

　서류(庶流)도 청직(淸職)이 되게 하자는 의논이 때로는 시행되기도 하고 때로는 막히기도 하였습니다. 그러나 시행된다 하여도 서류들은 기뻐할 만한 것이 못됩니다. 삼망(三望)에 주의(注擬 : 관리 임명 시 임금의 비점(批點)을 받기 위해 세 사람의 후보를 올리는 것)된 사람이 반드시 모두 서류라면 이것은 서류의 정언(正言)이 되었을 뿐 진짜 정언이 된 것은 아닙니다. 아무 관직으로 한정하고 아무 품계로 한정한다면 이는 모두 사람을 버리는 것입니다. 제일 좋은 방법은 동·서·남·북에 구애됨이 없게 하고 멀거나 가깝거나 귀하거나 천하거나 간에 가리는 것이 없게 하여 중국의 제도와 같이 하는 것입니다. 유능한 자는 매우 적고 어리석은 자는 매우 많으며 공정한 자는 매우 적고 편벽된 자는 매우 많으니, 말한다 하여도 시행되지 못하고 시행된다 하여도 혼란이 있을 것입니다……

비방을 변명하고 동부승지를 사양하는 소
(辨謗辭同副承旨疏)

…… 신은 이른바 서양의 사설(邪說 : 천주교를 가리킴)에 대하여 일찍이 그 책을 보았습니다. 그러나 책을 본 것이 어찌 바로 죄가 되겠습니까. 말을 박절하게 할 수 없어 책을 보았다고 했지, 진실로 책만 보고 말았다면 어찌 바로 죄가 되겠습니까. 대개 일찍이 마음속으로 좋아하여 사모했고, 또 일찍이 이를 거론하여 남에게 자랑하였습니다. 그 본원(本源) 심술(心術)에 있어서, 일찍이 기름이 스며들고 물이 젖어들며 뿌리가 점거하고 가지가 얽히듯 하여, 스스로 깨닫지 못했습니다.

대저 이미 한 번 이와 같이 되면, 이것은 맹자 문하의 묵자(墨子)요, 정자 문하의 선파(禪派 : 불교를 가리킴)입니다. 대질(大質)이 이지러지고 본령(本領)이 그릇되었으니, 그 미혹 됨에 빠짐이 깊고 얕음과 허물을 고쳐 선(善)으로 옮겨가는 것이 빠르고 늦은 것은 논할 것이 없습니다. 비록 그렇더라도 증자(曾子)가 말하기를, "나는 정도(正道)만 얻고 죽으면 그만이다"라고 하였는데, 신 또한 정도를 얻고서 죽고자 하오니, 한 마디 말로써 스스로를 밝히지 않을 수 있겠습니까.

신이 이 책을 본 것은 대개 약관 초기였는데, 이때에 원래 일종의 풍조가 있어, 능히 천문(天文)의 역상가(曆象家)와 농정(農政)의 수리기(水利器)와 측량(測量)의 추험법(推驗法)을 말하는 자가 있으면, 세속에서 서로 전하면서 이를 가리켜 해박(該博)하다 하였는데, 신은 그때 어렸으므로 그윽하게 혼자서 이것을 사모하였습니다. 그러나 본성의 힘이 조급하여 무릇 어렵고 깊고 교묘하고 세밀한 것에 속하는 글은, 본래 세심하게 연구하지 못했습니다. 그러므로 그 조박(糟粕)과 영향(影響)을 끝내 얻은 것이 없고, 도리어 사생설(死生說)에 얽히고, 극벌의 경계(克伐之誡)에 귀를 기울이고, 비뚤어지고 널리 말 잘하는 글에 현혹되어, 유문(儒門)의 별파(別派)로 인식하고, 문원(文垣)의 기이한 감상(鑑賞)으로 보아, 남들과 담론할 때는 꺼리는 바가 없었고, 남들이 배격하는 것을 보면 식견이 적어서인가 의심하였으니, 그 본의를 따져보면 대체로 기이한 견문을 넓히고자 해서였습니다.

그러나 신은 그 동안 뜻하고 종사한 것이 영달에만 있어서, 태학(太學)에 들어온 후로 오로지 뜻을 전일하게 한 것은 곧 공령학(功令學 : 科文을 가리킴)으로 월과(月課)와 순시(旬試)에 응시하기를 새매가 먹이를 잡으려 하듯이 정신을 쏟았으니, 이것은 진실로 이러한 기미(氣味)가 아닙니다. 더군다나 벼슬길에 나아간 후로 어찌 딴 곳에 마음을 쓸 수 있었겠습니까.

해가 오래고 깊어갈수록 마침내 다시는 마음속에 왕래하지 않아서 막연히 지나간 먼지와 그림자처럼 느꼈는데, 어찌 그 명목(名目)을 한 번 세워 맑고 탁함을 분별하지 못하고서 고지식하게 지금껏 벗어나지 못하였겠습니까. 허명만 사모하다가 실제 화를 받는다는 것은 신을 두고 이른 것입니다. 그 책 속에 윤상(倫常)을 상하고 하늘의 이치에 거스르는 말은 진실로 이루 다 헤아릴 수 없이 많고 또한 감히 전하의 귀를 더럽힐 수 없으나, 제사(祭祀)를 폐하는 말에 이르러서는 신이 옛날 그 책에서 또한 본 적이 없습니다. 갈백(葛伯 : 夏나라의 제후로 성품이 포악하고 제사를 드리지 않았는데, 결국 湯에게 멸망함)이 다시 태어났으니, 승냥이와 수달피(豺獺 : 報本할 줄 알아서 조상에게 제사를 드린다고 함)도 놀랄 것입니다. 진실로 조금이라도 사람의 도리가 미쳐 없어지지 않은 것이 있다면, 어찌 마음이 무너지고 뼈가 떨려서 혼란의 싹을 배척하여 끊어 버리지 않고, 홍수가 언덕을 넘고 사나운 불이 벌판을 태우듯 성하게 하겠습니까.

신해(辛亥)의 변(變 : 정조 15년인 1791년에 발생한 천주교도 박해사건)이 불행히 근래에 나왔으니, 신은 이 일이 있은 이래로, 분개하고 괴로워하여 마음속에 맹세해서 미워하기를 원수같이 하고 성토하기를 역적같이 하였습니다. 양심이 이미 회복되자 이치가 자명해졌으므로, 전일에 일찍이 흠모한 것을 돌이켜 생각하니, 하나도 허황하고 괴이하고 망령되지 않은 것이 없었습니다. 거기에 이른바 사생의 말은 불씨(佛氏)가 만든 공포령(恐怖令)이고, 이른바 극벌의 경계(克伐之誡)는 도가(道家)에서 욕심의 불(慾火)을 없애라는 것이고, 그 비뚤어지고 널리 말 잘하는 글은 패가(稗家) 소품(小品)의 지류(支流)에 불과한 것이니, 이밖에 하늘을 거역하고 귀신을 경멸하는 죄는 용서 받을 수 없습니다.

그러므로 중국 문인(文人)에 전겸익(錢謙益)·담원춘(譚元春)·고염무(顧炎武)·장정옥(張廷玉) 같은 무리가 일찍이 그 허위를 밝히고 그 두뇌를 깨부쉈는데도, 어리석게 알지 못하여 잘못 미혹됨을 받았으니, 이는 모두 어린 나이로 고루하고 과문한 결과였습니다. 몸을 어루만지며 부끄러워하고 분하게 여기며 탄식한들 무슨 소용이 있겠습니까. 이 마음은 명백하여 신명에게 질정할 수 있습니다. 신이 어찌 감히 털끝만큼이라도 속이고 숨기겠습니까.

신이 마땅히 엄한 벌을 당해야 할 일은 실지로 8, 9년 전에 있었는데, 다행히 전하의 비호하심을 입어서 유사(有司)의 형장(刑章)에서 피할 수 있었습니다. 죄가 있었지만 처벌받지 않아 무거운 짐을 등에 진 것 같았던바, 이어 재작년 7월에 특별히 성지(聖旨)를 받고 호우(湖郵 : 金井察訪)로 보직되었지만, 오히려 늦은 것입니다. 어찌 그리도 가볍게 하셨습니까. 신이 손으로 은혜의 말을 받들고 눈물을 흘리면서 성문(城門)을 나서자, 걸음마다 생각하니 글자마다 자비롭고 비호해 주신 것이었습니다. 이 사람이 이 세상에서 무엇으로 보답하겠습니까.

신이 비방을 들은 것은 바야흐로 구덩이에 임박했는데도 성지는 문득 문장을 논하셨고, 신이 지은 죄는 시공복(緦功服)을 책하기가 어려운데도 성지는 필획(筆劃)에 미치셨으니, 무엇 때문에 신을 애석히 여기시어 은혜로운 마음이 여기에 이르셨습니까. 신의 형이 잘못 남의 비방을 받은 것은 곧 대책(對策)으로 인한 것인데, 앞서 이미 10행(行)의 윤음(綸音)으로 밝게 판결하시었고, 또 신을 나무라는 교서에 특별히 '너의 형은 죄가 없다'고 하셨습니다. 이것은 전하의 한 말씀으로 신의 형제를 살리신 것입니다. 신의 형은 손을 마주 잡고 울부짖으면서 보답할 바를 알지 못했습니다.

신이 호우에 이르러서는 매양 밤낮으로 청명(清明)하게 하고 반드시 몸과 마음을 점검하여, 개혁한 지 오래되었으나 오히려 찌꺼기가 정화(淨化)되지 않았는가 두려워하고, 뉘우쳐 깨우침이 비록 진실하게 되었으나 오히려 잡초(雜草)가 성숙하였는가 두려워하여, 힘써 좋은 마음을 길러 우리 전하의 훈도(薰陶)하고 생성시키는 지극한 인덕(仁德)에 부응하기를 바랐습니다. 더구나 신이 부임한 지방은 곧 사설(邪說)이 그르친 지방으로서, 어리석은 백성이 현혹되어 진실로 돌이킬 줄 모르는 무리가 많았습니다.

그러므로 신이 관찰사에게 나아가 의논하여, 수색해서 체포할 방법을 강구하여 그 숨은 자를 적발하고 화복(禍福)의 의리를 일깨워 주어, 그들이 의심하고 겁내는 것을 깨우쳐 주고, 척사(斥邪)하는 계(禊)를 만들어서 그들에게 제사를 권하고, 사교를 믿는 여자를 잡아다가 그들에게 혼인을 하도록 하고, 다시 마을의 착한 선비를 구해서 서로 더불어 질의하고 논란하여 성현의 글을 강론하게 하였습니다. 이윽고 생각하건대, 신이 한 일이 자못 진보가 있었으니, 스스로 다행스럽고 기쁘게 여깁니다. 이것이 누구의 은혜이겠습니까.

신은 스스로 생각하니, 평생의 큰 은혜가 금정(金井)의 한 걸음보다 나은 것이 없다고 여겼는데, 일찍이 해가 바뀌기 전에 이미 용서를 받아 살아서 한강(漢江)을 넘어와 편안히 성안에서 살게 되었으니, 살아서는 여원이 없고 죽어도 여한이 없습니다. 신이 생각하기를, 신이 죽어서 다시는 하늘의 해(天日)를 뵙지 못하려니 여겼는데, 뜻밖에 지난 겨울에 갑자기 부르심을 입어, 관을 쓰고 띠를 맨 채 거듭 대궐문으로 들어가, 은밀하고 가까운 곳에 거처하면서 교정(校訂)하는 일에 참여하게 되니, 금빛 찬란한 등촉(燈燭)은 황홀하기가 꿈꾸는 것 같았고, 수라간의 진귀한 음식물은 그 빛이 찬란했습니다. 마침내 더러운 몸으로 청결하고 엄숙한 자리에 나아가 대하니, 용안(龍顔)의 위엄은 활짝 개고 옥음(玉音)이 온순하시므로, 멀리 떨어졌던 나머지 슬픈 생각이 하나하나 감동되어, 눈물이 비오듯하여 말할 바를 모르겠습니다.

…… 대개 이 사학(邪學)은 곧 몇 천만 리 밖, 풍속이 다른 이역(異城)의 법입니다. 그러므로 그 머리털 하나라도 죄역(罪逆)이 되지 않는 것이 없고, 해괴하고 두려운 것이 조수(鳥獸)가 사람 속에 있는 것 같이 분명하여 하루도 구차하게 함께 거처할 수 없으니, 단연코 관적(官籍)에 올라 벼슬하는 집안과 풍속을 따라 교유하는 사람으로서는 거스름 없이 병행될 것이 아닙니다. 그러므로 비천하고 한미(寒微)한 사람은 혹 행하더라도 무사하지만, 사대부에 속한 종족으로서 드러나게 칭송할 만한 이는 그 화가 바로 이르니, 어찌 순일(旬日)의 명(命)인들 지탱하겠습니까. 그러나 그 행사에 나타난

것이 비록 법에 저촉되고 기강(紀綱)을 범하는 데는 이르지 않았다 하더라도 그 근본적인 심술의 병은 끝내 석연하게 열릴 수 없으니, 비록 구차하게 유사(有司)의 일시적인 형벌을 면할 수는 있다 하더라도 진실로 사문(斯文)의 권리를 주장하는 자 있으면, 장차 그를 배척하여 이단 난적(亂賊)이라 할 것이므로 끝내는 천하 만세의 주벌(誅罰)을 피할 수 없을 것입니다.

육구연(陸九淵)과 진헌장(陳獻章)은 일찍이 손가락을 불사르고 이마를 지지지는 않았다 하나, 선학(禪學)의 지목(指目)을 어찌 피할 수 있겠습니까. 신의 경우는, 당초에 물든 것은 아이의 장난과 같았는데 지식이 차츰 자라자 문득 적수(敵讎)로 여겨, 분명히 알게 되어서는 더욱 엄하게 배척하였고 깨우침이 늦어짐에 따라 더욱 더 심하게 미워하였으니, 칠규(七竅)의 심장을 쪼개어도 진실로 나머지 가려진 것이 없고, 구곡간장을 더듬어 보아도 진실로 남은 찌꺼기가 없는데, 위로는 군부(君父)에게 의심을 받고 아래로는 당세에 견책을 당하였으니, 입신(立身)을 한 번 잘못함으로써 만사가 와해되었습니다. 산들 무엇 하며 죽은들 장차 어디로 돌아가겠습니까.

신이 군부에게 은혜를 받은 것이 또한 이미 큽니다. 스스로 그물과 덫에 걸려 부르짖어 슬피 울면 손을 끌어 구원하여 자리에 눕히고, 마치 질병을 앓는 사람처럼 오래되어 점점 깨어나면 또 하나의 변괴가 생겨 돌로 죽순(竹筍)을 누르는 것처럼 되니, 이것은 자못 신의 운명이 기구하고 받은 복이 박한 탓으로, 비록 명(命)을 조성하시는 우리 전하의 위권으로도 어찌할 수 없는 것입니다. 지금 전하께서 신을 불쌍히 여기시어 버리지 않으시고 다시 거두어 쓰시고는, 하나의 사건이 있을 때마다 문득 한 번 지나간 일의 잘못을 나무라시면, 꿈에도 생각이 미치기 전에 명예를 더럽힘이 먼저 이르러 지쳐서 기운이 빠진 채 앉아서 조롱을 받게 될 것입니다. 이전에 이미 증험이 있으니, 뒤엔들 어찌 혹시라도 다르겠습니까. 진실로 이와 같으려면, 신은 차라리 한결같이 고폐(錮廢)되어서 때로 굽히고 때로 펴져서 부질없이 은혜만 욕되게 하여 죄를 더욱 무겁게 지도록 하지 마소서……

원목(原牧)

　목민자(牧民者)가 백성을 위해서 있는 것인가, 백성이 목민자를 위해서 있는 것인가? 백성이 속미(粟米)와 마사(麻絲)를 생산하여 목민자를 섬기고, 또 여마(輿馬)와 추종(騶從)을 내어 목민자를 전송도 하고 환영도 하며, 또는 고혈(膏血)과 진수(津髓)를 짜내어 목민자를 살찌우고 있으니, 백성이 과연 목민자를 위하여 있는 것일까? 아니다. 그건 아니다. 목민자가 백성을 위하여 있는 것이다.

　옛날에야 백성이 있었을 뿐 무슨 목민자가 있었던가. 백성들이 옹기종기 모여 살면서 한 사람이 이웃과 다투다가 해결을 보지 못한 것을, 공평한 말을 잘하는 어른(長者)이 있었으므로 그에게 가서야 해결을 보고, 사방의 이웃이 모두 감복한 나머지 그를 추대하여 높이 모시고는 이름을 이정(里正)이라 하였다. 또 여러 마을 백성들이 자기 마을에서 해결 못한 다툼거리를 가지고 준수하고 식견이 많은 어른을 찾아가 그에게서 해결을 보고는, 여러 마을이 모두 감복한 나머지 그를 추대하여 높이 모시고서 이름을 당정(黨正)이라 하였다. 또 여러 고을 백성들이 자기 고을에서 해결 못한 다툼거리를 가지고 어질고 덕이 있는 어른을 찾아가 그에게서 해결을 보고는, 여러 고을이 모두 감복하여 그를 주장(州長)이라 하였다. 또 여러 주(州)의 장(長)들이 한 사람을 추대하여 어른으로 모시고는 그를 이름하여 국군(國君)이라 하였다. 또 여러 나라의 군(君)들이 한 사람을 추대하여 어른으로 모시고는 그 이름을 방백(方伯)이라 하였으며, 사방의 백(伯)들이 한 사람을 추대하여 그를 우두머리로 삼고는 이름하여 황왕(皇王)이라 하였으니, 따지자면 황왕의 근본은 이정에서부터 시작된 것으로 백성을 위하여 목민자가 있었던 것임을 알 수 있다.

그때는 이정이 백성의 소망에 의하여 법을 제정한 다음 당정에게 올렸고, 당정도 민망(民望)에 의하여 법을 제정한 다음 주장에게 올렸고, 주장은 국군에게, 국군은 황왕에게 올렸다. 그러므로 그 법들이 다 백성의 편익을 위하여 만들어졌는데, 후세에 와서는 한 사람이 자기 스스로 황제가 된 다음 자기 아들·동생 그리고 시어(侍御)·복종(僕從)까지 모두 봉

(封)하여 제후로 세우는가 하면, 그 제후들은 또 자기 사인(私人)들을 골라 주장(州長)으로 세우고, 주장은 또 자기 사인들을 추천하여 당정·이정으로 세우고 있다.

그렇기 때문에 황제가 자기 욕심대로 법을 만들어서 제후에게 주면 제후는 또 자기 욕심대로 법을 만들어서 주장에게 주고, 주장은 당정에게, 당정은 이정에게 각기 그런 식으로 법을 만들어준다. 그러므로 그 법이라는 것이 다 임금은 높고 백성은 낮으며, 아랫사람 것을 긁어다가 윗사람에게 붙여 주는 격이 되어, 얼핏 보기에 백성이 목민자를 위하여 있는 꼴이 되고 있다.

지금의 수령(守令)이 옛날로 치면 제후들인데 그들의 궁실(宮室)과 여마(輿馬)·의복과 음식 그리고 좌우의 편폐(便嬖)·시어(侍御)·복종(僕從)들이 거의 국군(國君)과 맞먹는 상태인 데다, 그들의 권능이 사람을 경사롭게 만들 수도 있고 그들의 형위(刑威)는 사람을 겁주기에 충분하다. 그리하여 거만하게 제 스스로 높은 체하고 태연히 제 혼자 좋아서 자신이 목민자임을 잊어버리고 있다.

한 사람이 다투다가 해결을 위하여 가게 되면 곧 불쾌한 표정으로 하는 말이 '왜 그리도 시끄럽게 구느냐' 하고, 한 사람이 굶어 죽기라도 하면 '지가 잘못해서 죽었다' 하며, 곡식이나 옷감을 생산하여 섬기지 않으면 매질이나 몽둥이질을 하여 피를 보고 말 뿐만 아니라, 날마다 돈 꾸러미나 세고 문구(文句) 속에 끼워 넣는 주해(夾注)·글자를 지우고 빠진 글자를 끼워 넣는 일(塗乙)을 일기 삼아 기록하여 돈과 베를 거두어들여서 밭이나 장만하고, 권귀(權貴)·재상(宰相)에게 뇌물을 쓰는 것을 일삼아 뒷날의 이익을 도모하고 있다. 그리하여 '백성이 목민자를 위하여 존재하고 있다'는 말이 나오게 되었지만, 그것이 어디 이치에 맞는가. 목민자가 백성을 위하여 있는 것이다.

역론 2(易論 二)

『주역』은 무엇을 위하여 지어졌는가? 이는 곧 성인이 하늘의 명을 청하여 그 뜻을 순응(順應)하기 위한 것이다. 대체로 일이 공정한 선(善)에서 나와 반드시 하늘이 도와서 이루어 복을 주기에 충분한 것은 성인이 다시 청하지 않는 것이다. 일이 공정한 선에서 나오기는 하였으나 시기에 이롭지 못한 형세가 있어 그 일이 반드시 실패하여 하늘의 복을 받을 수 없는 것도 성인이 다시 청하지 않았다. 일이 공정한 선에서 나오지 않아 천리(天理)를 거스르고 인기(人紀)를 해치는 것은, 비록 그 일이 반드시 성취되어 목전(目前)의 복을 구할 수 있다 하더라도 성인이 다시 청하지 않았다. 다만 일이 공정한 선에서 나왔으나 그 성패(成敗)와 화복을 미리 알아서 좋은 방향으로 건너갈 수가 없는 것만을 성인이 청한다.

  비록 그러나 성인이 간절하게 이를 청하더라도 하늘이 곡진(曲盡)하게 명하지 못한다면, 하늘이 아무리 성공을 알려서 이를 권하여 시행하도록 하려 해도 될 수가 없으며, 또 아무리 실패를 알려서 이를 저지하여 시행하지 말도록 하려 해도 또한 될 수 없는 것이다. 그러므로 성인은 이를 민망스럽게 여겨 이른 아침부터 밤늦게까지 이를 생각하여, 우러러 하늘을 관찰하고 아래로 땅을 관찰해서, 하늘의 밝음을 이어받아 그 명을 청할 것을 생각하다가, 하루 아침에 갑자기 기뻐서 책상을 치고 일어나면서 '나에게 방법이 있다'고 한 것이다.

  이에 손으로 땅바닥에 그어 기우(奇偶)와 강유(剛柔)의 형상을 만들어 놓고, "이는 천지(天地)와 수화(水火)가 변화하여 만물을 생장(生長)시키는 형상이다"[이는 팔괘(八卦)이다.] 하고, 이로 인하여 진퇴(進退)와 소장(消長)의 형세를 만들어 놓고는, "이는 사시(四時)의 형상이다"[이는 십이 벽괘(十二辟卦)이다.] 하였으며, 또 이를 취하여 승강(升降)과 왕래(往來)의 형상을 만들어 놓고는, 이렇게 설명했다. "이는 만물(萬物)의 형상이다."[이는 오십 연괘(五十衍卦)이다.]

  이에 그 땅에 그어 만든 기우와 강유의 형세를 취하여, 그 형상을 익히 완상해서 그 근사한 것을 생각하여 그와 방불한 것을 얻어 명명하기를, "이것은 말(馬)이고, 저것은 소(牛)고,

이것은 수레(車)고, 저것은 궁실(宮室)이고, 이것은 창과 칼(戈兵)이고, 저것은 활과 화살(弓矢)이다" 하며, 이를 기록하여 법식(法式)을 만들어서, 하늘이 그 명칭을 인하여 사용하기를 기대하였다. 이는 비록 사람이 지은 명칭이요 하늘이 그를 실상으로 여긴 바는 아니다. 그러나 하늘이 참으로 나의 정성을 굽어 살펴서 어떤 사건(事件)을 알리려 할 경우에는, 또한 거의 내가 지어놓은 명칭으로 인하여 마침내 사용하게 되는 것이다.〔이는 설괘(說卦)이다.〕

이에 들판에 나가서 꽃다운 풀 몇 줄기를 취하여 그 승강(升降)과 왕래(往來)한 것으로 더불어 그 수(數)를 합하여 서로 응(應)하게 하고, 공경스럽게 방안에 간직하여 일을 기다렸다.〔이는 시책 오십(蓍策五十)이다.〕 그리하여 매양 일이 있으면 이를 손에 움켜쥐고, 또 이를 나누어서 넷으로 만들고는, "이는 사시(四時)의 형상이다" 하고, 또 그를 흩었다가 모으고, 이리저리 뒤섞기도 하고, 변통(變通)시키기도 하면서, "이는 만물의 형상이다" 하였다. 그런 다음에는 그 수를 헤아려서 그 형상을 나타내므로, 형상이 이루어지고 체(體)가 성립된다.〔이는 점(占)을 쳐서 일괘(一卦)를 얻은 것이다.〕

그리고 나서는 이른바, 말·소·수레·궁실·창과 칼·활과 화살 등의 방불한 형상을 취하고 그 승강하고 왕래하는 자취를 살펴서, 그 형상의 혹은 완전하고 혹은 이지러지고 혹은 서로 부합되고 혹은 서로 어긋난 것과, 그 정(情)의 혹은 펴지고 혹은 위축되고 혹은 기쁘고 혹은 근심스럽고 혹은 믿을 만하고 혹은 두렵고 혹은 편안하고 혹은 위태로운 것을, 모두 그 방불한 것을 가지고 완색(玩索)하되(이는 그 길흉(吉凶)을 점친 것이다.) 완색하여 진실로 길(吉)하면 이에 흥작(興作)하며 말하기를, "하늘이 나에게 명하여 이를 시행하게 한다" 하고, 완색해 보아서 진실로 길하지 않으면 전전긍긍하여 감히 시행하지 못하게 되니, 이것이 『주역』을 지은 까닭이며, 이것이 성인이 하늘의 명을 청하여 그 뜻을 순응한 것이다.

그렇다면 점(卜)도 또한 그러하니, 이 역시 하늘의 명을 청하여 그 뜻을 순응한 것인데, 성인(聖人)이 어찌 이를 높여 육경(六經)으로 삼지 않고 그 글을 없애 버렸는가. 점의 징조는 바로 그 길흉의 형상을 나타내어, 방조(方兆), 공조(功兆), 의조(義兆), 궁조(弓兆)가 각기 정체(定體)가 있고, 우(雨), 제(霽), 모(蒙), 역(圛)이 각기 본색(本色)을 갖추어, 그 체(體)는 1백 20인데 그 주사(繇辭)는 그보다 10배나 되기 때문에 서로 쓰이지 않으니, 서로 쓰이지 않으면 승강 · 왕래하는 형상이 그 가운데 의탁하지 못하게 된다.

그러므로 큰일을 당하여 이로써 하늘의 명을 청하여 하늘의 밝음을 이어받는 것은 『주역』보다 낫지만, 대체로 평상시에 그 주사를 완색하여 이로 인해 그 진퇴(進退)와 존망(存亡)의 이유를 살펴서 스스로 처리할 바를 알게 되는 것은 오직 이 『주역』에만 있는 것이다. 그러므로 성인은 오직 『주역』만을 소중하게 여겼다.

전론 3(田論 三)

 이제 농사를 짓는 사람에게는 밭을 얻도록 하고, 농사를 짓지 않는 사람에게는 밭을 얻지 못하도록 한다면, 여전(閭田)의 법(法)을 시행해야만 나의 뜻을 이룰 수 있을 것이다.

 무엇을 여전이라 하는가. 산골짜기와 개울과 들판의 형세를 가지고 경계(界)를 그어 만들고는, 그 경계의 안을 여(閭)라 이름하고 여 셋을 이(里)라 하며, 이 다섯을 방(坊)이라 하고, 방 다섯을 읍(邑)이라고 한다. 여에는 여장(閭長)을 두고 무릇 1여의 밭에는 1여의 사람들로 하여금 다 함께 그 밭일을 하게 하되, 서로의 경계가 없이 하고 오직 여장의 명령만을 따르도록 한다.

 매양 하루하루 일을 할 때마다 여장은 그 날의 수(數)를 장부에 기록하여 둔다. 그래서 가을에 거둘 때에는 그 오곡(五穀)의 곡물을 모두 여장의 당(堂)에 운반하여 그 양곡을 나누는데, 먼저 국가의 세(稅)를 바치고, 그 다음은 여장의 봉급을 바치고, 그 나머지를 가지고 날마다 일한 내용대로 장부에 의해 분배한다. 가령 곡식을 수확한 것이 천 곡(斛 : 10斗가 1斛)일 경우, 그 장부에 기록된 일한 날의 수가 2만 일이면 매양 하루당 양곡 5승(升)을 분배하게 된다.

어떤 사람의 경우, 그 부부와 아들과 며느리의 장부에 기록된 일한 날의 수가 모두 8백 일이면 그 분배된 양곡은 40곡(斛)이 되고, 또 어떤 사람의 경우, 그 장부에 기록된 일한 날의 수가 10일이면 그 분배된 양곡은 4두(斗)뿐인 것이다.

노력을 많이 한 사람은 양곡을 많이 얻게 되고 노력이 많지 않은 사람은 양곡을 적게 얻게 되니, 그 힘을 다함으로써 토지에서도 그 이익을 다 얻게 될 것이다. 토지의 이익이 일어나면 백성의 재산이 풍부해지고, 백성의 재산이 풍부해지면 풍속(風俗)이 순후해지고 효제(孝悌)가 행해지게 될 것이니, 이것이 밭을 다스리는 가장 좋은 방법이다.

기예론 1(技藝論一)

 하늘이 짐승들에게는 발톱을 주고 뿔을 주고 단단한 발굽을 주고 날카로운 이빨을 주고 독(毒)을 주어서, 그들로 하여금 각기 하고 싶은 것을 얻게 하고, 사람에게서 받게 되는 환난(患難)을 방어하도록 하였다. 그런데 사람은 벌거숭이로 태어나서 연약하여 마치 그 생활을 영위해 나갈 수 없을 것처럼 만들었으니, 어찌하여 하늘은 천하게 여길 데는 후하게 하고 귀하게 여길 데는 박하게 하였을까. 그것은 바로 사람에게는 지려(智慮)와 교사(巧思)가 있음으로써 그들로 하여금 기예를 습득하여 스스로 자기의 생활을 영위하도록 한 것이다.
 그러나 지려를 미루어 운용(運用)하는 것도 한계가 있고, 교사로써 사물의 이치를 연구하는 것도 순서가 있다. 그러므로 아무리 성인(聖人)이라 하더라도 천 명이나 만 명의 사람이 함께 의논한 것을 당해낼 수 없고, 아무리 성인이라 하더라도 하루아침에 그 아름다운 덕(德)을 모조리 갖출 수는 없는 것이다. 그렇기 때문에 사람이 많이 모일수록 그 기예가 정교하게 되고, 세대(世代)가 아래로 내려올수록 그 기예가 더욱 공교하게 되니, 이는 일의 기세가 그렇지 않을 수 없는 것이다.

그러므로 촌리(村里)에서 사는 사람은 공작(工作)이 있는 현읍(縣邑)에 사는 사람만 못하고, 현읍에 사는 사람은 기교가 있는 유명한 성(城)이나 큰 도시에서 사는 사람만 못하며, 유명한 성이나 큰 도시에서 사는 사람은 새로운 방식의 오묘한 제도가 있는 경사(京師, 서울)에 사는 사람만 못하다. 그런데 저 궁벽한 촌리(村里) 밖에 사는 사람이 옛날에 경사에 한번 갔다가 우연히 그 시작만 되었을 뿐 아직 구비되지 않은 방법을 보고서 기꺼이 돌아와서 시험해 보고는, 대번에 아는 체하고 스스로 만족해하면서 '천하에 이 법보다 나은 것이 없다' 하고, 그의 아들과 손자에게 경계하기를 '경사에서 이른바 기예라는 것을 내가 모두 알았으니, 이제부터는 경사에서 다시 더 배울 것이 없다'고 한다면, 이런 사람은 하는 일이 거칠고 좁고 추하지 않은 것이 없다.

우리나라에 있는 모든 장인의 기예는 모두 옛날에 배웠던 중국의 법인데, 수백 년 이후로 딱 잘라 끊듯이 다시는 중국에 가서 배워올 계획을 세우지 않고 있다. 이와 반대로 중국의 새로운 방식의 오묘한 제도는 날로 증가하고 달로 많아져서 다시 수백 년 이전의 중국이 아닌데도 우리는 또한 막연하게 서로 모르는 것을 묻지도 않고 오직 예전의 것만 만족하게 여기고 있으니, 어찌 그리도 게으르단 말인가.

탕론(湯論)

 탕왕(湯王)이 걸(桀)을 추방한 것이 옳은 일인가? 신하가 임금을 친 것이 옳은 일인가? 이것은 옛 도를 답습한 것이요 탕 임금이 처음으로 열어 놓은 일은 아니다.

 신농씨(神農氏) 후손들의 덕이 쇠진하여 제후들이 서로 싸우자, 헌원씨(軒轅氏)가 무력을 동원하여 조향(朝享)하지 않는 자를 정벌하니, 제후들이 모두 귀의하여 왔다. 그리하여 염제(炎帝 : 신농씨의 별칭)와 판천(阪泉)의 들판에서 전쟁을 벌였고 세 번 싸워 승리를 거둠으로써 신농씨를 대신하여 헌원씨가 황제(皇帝)로 군림하였다. 이것이 사실이라면, 신하로서 임금을 친 것은 황제(黃帝 : 헌원씨의 별칭)가 창시한 일이다. 따라서 신하로서 임금을 친 것을 죄 주려면 헌원씨가 수악(首惡)이 되니, 탕왕에게는 따질 필요가 없다.

대저 천자(天子)의 지위는 어떻게 해서 소유한 것인가? 하늘에서 떨어져 천자가 된 것인가, 아니면 땅에서 솟아나 천자가 된 것인가? 생겨진 근원을 더듬어 보면 이러하다. 5가(家)가 1린(隣)이고 5가에서 우두머리로 추대한 사람이 인장(隣長)이 된다. 5린이 1리(里)이고 5린에서 우두머리로 추대된 사람이 이장(里長)이 된다. 5비(鄙)가 1현(縣)이고 5비에서 우두머리로 추대된 사람이 현장(縣長)이 된다. 또 여러 현장들이 다 같이 추대한 사람이 제후(諸侯)가 되는 것이요, 제후들이 다 같이 추대한 사람이 천자가 되는 것이고 보면 천자는 여러 사람이 추대해서 만들어진 것이다.

대저 여러 사람이 추대해서 만들어진 것은 또한 여러 사람이 추대하지 않으면 물러나야 하는 것이다. 때문에 5가(家)가 화협하지 못하게 되면 5가가 의논하여 인장을 개정할 수가 있고, 5린이 화협하지 못하면 25가가 의논하여 이장을 개정할 수가 있고, 구후(九侯)와 팔백(八伯)이 화협하지 못하면 구후와 팔백이 의논하여 천자(天子)를 개정할 수가 있다. 구후와 팔백이 천자를 개정하는 것은 5가가 인장을 개정하고 25가가 이장을 개정하는 것과 같은 것인데, 누가 신하가 임금을 쳤다고 말할 수 있겠는가.

또 개정함에 있어서도 천자 노릇만 못하게 할 뿐이지 강등

하여 제후로 복귀하는 것은 허락하였다. 때문에 주(朱 : 堯의 아들 丹朱)를 당후(唐侯)라 했고 상균(商均 : 舜의 아들)을 우후(虞侯)라 했고 기자(杞子 : 禹의 후예인 東樓公)를 하후(夏侯)라 했고 송공(宋公 : 殷紂의 庶兄인 微子 啓)을 은후(殷侯)라 했다. 완전히 끊어 버리고 후(侯)로 봉하여 주지 않은 것은 진(秦)나라가 주(周)나라를 멸망시키고부터이다. 이리하여 진나라의 후손도 후에 봉해지지 못한 채 끊겨 버렸고, 한(漢)나라도 마찬가지였다. 사람들은 제후로 봉해지지 않은 채 끊겨 버리는 것을 보고는 모두들, "천자를 치는 자는 어질지 않은 자다"라고 하는데, 이것이 어찌 실정(實情)이겠는가.

뜰에서 춤추는 사람이 64명인데, 이 가운데서 1명을 선발하여 우보(羽葆 : 새의 깃으로 장식한 儀式用 日傘)를 잡고 맨 앞에 서서 춤추는 사람들을 지휘하게 한다. 우보를 잡고 지휘하는 자의 지휘가 절주(節奏)에 잘 맞으면 모두들 존대하여 '우리 무사(舞師)님'하지만, 지휘가 절주에 잘 맞지 않으면 모두들 그를 끌어내려 다시 전의 반열(班列)로 복귀시키고 유능한 지휘자를 다시 뽑아 올려놓고 '우리 무사님'하고 존대한다. 끌어내린 것도 대중(大衆)이고 올려놓고 존대한 것도 대중이다. 대저 올려놓고 존대하다가 다른 사람을 올려 교체시켰다고 교체시킨 사람을 탓한다면, 이것이 어찌 도리에 맞는 일이겠는가.

한(漢)나라 이후로는 천자가 제후를 세웠고 제후가 현장을 세웠고 현장이 이장을 세웠고 이장이 인장을 세웠기 때문에 감히 공손하지 않은 짓을 하면 '역(逆)'이라고 명명하였다. 이른바 역이란 무엇인가? 옛날에는 아랫사람이 윗사람을 추대하였으니 아랫사람이 윗사람을 추대한 것은 순(順)이고, 지금은 윗사람이 아랫사람을 세웠으니 윗사람이 아랫사람을 세운 것은 역이다. 그러므로 왕망(王莽)·조조(曹操)·사마의(司馬懿)·유유(劉裕)·소연(蕭衍) 등은 역이고, 무왕(武王)·탕왕(湯王)·황제(黃帝) 등은 현명한 왕이요 성스러운 황제(皇帝)이다.

이런 사실은 전혀 모르고 걸핏하면 탕왕과 무왕을 깎아내려 요순보다 못하게 만들려 한다면, 어찌 이른바 고금(古今)의 개변(改變)된 내용을 아는 자라고 할 수 있겠는가? 장자(莊子)는 이런 말을 하였다. "여름 한 철만 살고 가는 쓰르라미는 봄과 가을이 있다는 것을 모른다."

이발기발에 대한 변증 1(理發氣發辨一)

　퇴계(退溪 : 이황의 호)는 "사단(四端 : 惻隱之心·羞惡之心·辭讓之心·是非之心)은 이(理)가 발동하고 기(氣)가 이를 따르며, 칠정(七情 : 喜·怒·哀·懼·愛·惡·慾)은 기가 발동하고 이가 기를 탄다"고 하였고, 율곡(栗谷 : 이이의 호)은 "사단과 칠정은 모두 기가 발동하고 이가 기를 탄다"고 하였다. 그런데 후세의 학자들은 각각 자기가 들은 말만을 높임으로써 시비(是非)가 끝없이 분분하여 서로가 원수처럼 거리가 멀어져서 한 곳으로 돌아갈 수 없게 되었다.

　그러므로 나는 일찍이 두 분(퇴계와 율곡)의 글을 취하여 읽으면서 면밀히 그 견해가 갈리게 된 이유를 찾아보았다. 곧 두 분이 '이'나 '기'라고 말한 것은, 그 글자는 비록 같으나 그 지향한 것은 부분적(專)인 것과 전체적(總)인 것의 차이가 있었다. 곧 퇴계는 퇴계 대로 하나의 이기(理氣)를 논하였고, 율곡은 율곡 대로 하나의 이기를 논한 것이지 율곡이 퇴계의 이기를 취하여 어지럽힌 것은 아니다.

대개 퇴계는 오로지 사람의 마음에 나아가서 환하게 열어 놓은 것이니, 그가 말한 '이'는 바로 '본연의 성품(本然之性)'이며, '도심(道心)'이고, '공평한 하늘의 이치(天理之公)'요, 그가 말한 '기'는 바로 '기질의 성품(氣質之性)'이며, '인심(人心)'이고, '사사로운 사람의 욕심(人欲之私)'이다. 사단과 칠정이 발동하는 데 있어서는 공사(公·私)의 나눔이 있어서 사단은 이발(理發)이 되고 칠정은 기발(氣發)이 된다고 한 것이다.

그리고 율곡은 태극(太極) 이래의 이기를 총집(總執)하여 공론(公論)한 말이니, 이를테면 무릇 천하의 물건이 발하기 전에는 비록 먼저 이가 있는 것이지만, 바야흐로 그것이 발할 때는 기가 반드시 이보다 앞서는 것이니 비록 사단과 칠정에 있어서도 오직 공례(公例)만을 예(例)로 삼았기 때문에 사단과 칠정이 모두 기발(氣發)이라고 한 것이다. 그러니 그가 말한 이는 바로 형이상(形而上)이며, 바로 만물의 근본 법칙(物之本則)이요, 그가 말한 기는 바로 형이하(形而下)이며, 바로 만물의 형질(物之形質)임을 말한 것이지, 고의로 간절하게 마음(心)·성품(性)·감정(情)을 가지고 말한 것은 아니다.

그러므로 퇴계의 말은 주밀하고 상세하며, 율곡의 말은 소활하고 간결하다. 그리하여 주장한 뜻이나 가리켜 말한 것이 각각 다를 뿐이지, 두 분 가운데 어찌 어느 한 분에게 잘못된 것이 있었겠는가. 일찍이 어느 한 쪽에도 잘못이 없는데도 억지로 그 한 쪽을 그르다 하여 홀로만 옳다고 하려 하니, 이 때문에 시비가 분분하여 결정이 나지 못한 것이다. 결정을 찾는 데는 요령이 있으니, 한 쪽은 부분적인 것이요, 한 쪽은 전체적인 것일 따름이다.

치양지에 대한 변증(致良知辨)

  왕양명(王陽明 : 明나라의 王守仁의 호)은 '치양지(致良知)'란 세 글자를 법문(法門)의 종지(宗旨)로 삼아 마침내는 『대학(大學)』의 '치지(致知)'를 '치(致)'라 여기고, 『맹자(孟子)』에서 "배우지 않고도 아는 것을 양지(良知)라 한다"고 한 것을 거듭 되풀이하여 그칠 줄을 알지 못하였다. 그리고는, 자기가 일생 동안에 걸쳐 득력(得力)한 것은 이 세 글자뿐이라고 하였다. 그가 말한 것을 살펴보면, 깊이 믿어 의심하지 않고 흔연히 만족하여 백세 후의 성인(聖人)을 기다려 물어보더라도 의혹되지 않는다고 여겼으니, 아, 이것이 양명(陽明)이 어질게 된 까닭이기도 하며, 양명의 학문이 이단(異端)이 된 까닭이기도 한 것이다.

무릇 한 구절의 말을 종지(宗旨)로 삼은 자들은 그 학문이 모두 이단이 되었다. '자신을 위하는 것(爲己)'이 군자의 학문이라고 성인이 일찍이 말하였으나, 양씨(楊氏 : 楊朱를 가리킴)가 '위기' 두 글자를 종지로 삼으니, 그 폐단이 정강이 털 하나를 뽑아서 천하를 위한다 해도 하지 않겠다고 하여 이단을 이루었다. '덕성을 존숭하는 것(尊德性)'은 군자의 학문임을 성인이 일찍이 말하였으나, 육씨(陸氏 : 宋나라의 陸九淵을 가리킴)가 '존덕성' 세 글자를 종지로 삼으니, 그 폐단이 정신을 희롱하여 '돈오(頓悟)'라고 함으로써 이단을 이루고 말았다.

양지(良知)의 학문이라고 하여 어찌 이것과 다르겠는가. 다만 섭섭한 것은 양명 같은 높은 문장과 통달한 식견으로 치(致)가 양지(良知)와 서로 연속되지 못한다는 것을 알지 못하고, 천고에 없는 말을 만들어 내어 천하 만세 사람에게 보이고도 의심하지 않았으니, 어쩌면 꽉 막힌 것이 이 지경에 이르렀단 말인가.

맹자는 "사람이 생각하지 않고도 알게 되는 것, 그것이 양지(良知)이다"라고 하였고, 정자(程子)는 "양지는 천연(天然)에서 나온 것이요 인위(人爲)에 매인 것이 아니다"라고 하였으니, 바로 양(良)이란 자연의 뜻이다. 그러므로 걸우지 않아도 비옥한 땅을 '양전(良田)'이라 하고, 채찍질하지 않아도 달리는 말을 '양마(良馬)'라 하니, 양(良)이라고 하는 것은 곧 본선(本善)을 이르는 말이다.

대저 이른바 치(致)란 무엇을 말함인가. 저 사람이 스스로 오지 않으매 내가 그를 위하여 설법해서 오게 하는 것을 치라 하며, 내가 자득(自得)하지 못하고 상조(相助)를 요구하여 상대방으로 하여금 오게 하는 것을 치라 하는 것이다. 그러므로 양지(良知)란 이미 양지인 것인데 어찌 그것을 이르게 한단 말인가. 나는 그 때문에 양(良)이면 치(致)가 아니고, 치이면 양이 아니니, 이미 양이면서 다시 치한다고 하면 천하에 이러한 일은 없다고 본다. 어린아이가 그 어버이를 사랑함이 어찌 생각을 하고 마음을 써서 이르는 것이겠는가. 이것은 어리석은 선비도 즐겨 말하지 않을 것인데, 양명이 말을 하였으니 어쩌면 꽉 막힌 것이 여기에 이르렀단 말인가.

비록 그러나 양명은 참으로 여기에서 득력(得力)한 자라고 할 수 있다. 양명의 성품은 선(善)을 좋아하고 용기를 좋아하여 무릇 선한 마음이 속에서 싹트면 즉시 뜻을 날카롭게 가지고 과단성 있게 행하여 뒤돌아보지 않고 말하기를 '이것이 양지(良知)다'라고 하였던 것이다. 이 말이 있게 되자 이것을 배우는 자들은 무릇 마음에 발동함이 있으면 자세히 살피고 서서히 연구하지도 않고 즉시 행하면서 말하기를 '이것이 양지다'라고 하기에 이르렀다.

그러고 보면 양명은 자질이 본래 선하였기 때문에 그것으로 인하여 선하게 된 것이 많았지만, 다른 사람들은 타고난 자질이 맑지 못했기 때문에 그것으로 인하여 악하게 된 것이 많았다. 이는 양명만은 현자(賢者)에 스스로 귀탁(歸託)할 수 있었으나, 그 무리들은 도적 떼가 되어 버렸다는 것이다. 그러므로 사람이 자득(自得)하고 자락(自樂)함에서 바로 대환(大患)이 생기게 되는 것이니, 참으로 두려운 일이다.

『상례사전』의 서문(喪禮四箋序)

예(禮)란 하늘과 땅의 정(情)으로서, 하늘을 근본으로 하고 땅을 본받아 그 사이에서 행해지는 것이다. 예란 하늘과 땅의 정인데, 성인이 다만 그것을 절제하고 문식(文飾)했을 뿐이다.

성인이 모든 예를 절제하고 문식하였으되 상례(喪禮)에 이르러서는, '이는 두려운 일이다. 정성스럽지 않으면 장차 후회가 있을 것이니, 그때에는 후회해도 소용이 없다'고 하였다. 이리하여 정성과 신중을 다하여 이 상례를 절제하고 문식해서 후세에 전해 주었다. 그런데 후세 성인이 이를 받아 행하면서 말하기를, '이것도 오히려 사람의 정을 다 참작하지 못하여 천지의 근본을 위반한 것이 있다'라고 하고는 서로 더불어 줄이고 보태어서 수정 윤색하여 기어코 유감이 없게 만들었으니, 이른바 「사상례」(士喪禮 : 『儀禮』의 편명)라는 것이 이것이다.

생각하건대, 이 사상례는 여러 성인의 손을 거쳐 성인의 손에서 이루어져 하늘과 땅과 함께 존립하고 있으니, 학문이 천박한 후생으로서는 이를 함부로 변경하여 어지럽혀서 자기의 조그마한 지혜를 마음대로 펼 수 있는 것이 아니다.

진(秦)나라가 서적을 없애 버리던 시대를 만나서, 그 글이 드디어 숨겨지고 예(禮)도 폐해졌다. 그런데 한(漢)나라가 일어난 지 1백 년이 되도록 그대로 따르고 옛일을 회복시키지 않았다. 그러다가 갑자기 비부(秘府)에 깊숙이 소장되었던 책과 옛집(古屋)에서 나온 잘리고 해진 간편(簡編)을 가져다가 학문이 끊어져서 전승 받지 못한 사람에게 주면서 '네가 이것을 해석하라'(한 성제 때 광록대부 유향(光祿大夫 劉向) 등에게 경전을 교정하게 한 일을 말함)고 하였다. 그러나 이는 몸소 행해보지도 못했고 눈으로 직접 보지도 못한 것이므로, 그에 대한 해석에 잘못된 것이 없을 수 없었다. 마계장(馬季長 : 후한의 학자 馬融)과 정강성(鄭康成 : 마융의 제자인 鄭玄)은 그보다 더 뒤에 해석을 한 이들로서, 아무리 생각을 전일하게 하여 그 심오한 뜻을 찾으려 하더라도 부족할까 두려운 실정인데, 하물며 후당(後堂)에서 가무(歌舞)로 황음한

짓까지 했으니(마융이 고당(高堂)에 앉아 앞에서는 제자를 가르치고 뒤에서는 女樂을 베푼 것을 말함) 말할 나위가 있겠는가.

아, 저들은 서적이 없어진 지 겨우 수백 년 뒤에 태어났고 또 자기 나라의 전고(典故)인데도 오히려 선성(先聖)의 뜻에 다 맞게 하지 못하였는데, 2천여 년이 지난 오늘날 해외(海外)의 나라에서 태어난 내가 그 오류를 바로잡으려 하니, 자신의 능력과 덕을 헤아리지 못한 것이라 할 만하고, 사람들도 이를 믿으려 하지 않을 것이다.

그러나 마음에 옳게 여겨지는 것은 옳게 여기지만 마음에 분명히 옳다고 느껴지지 않는 경우에도 이를 억지로 따를 것인가? 그런데 다행히도 『예기』의 모든 편(篇)은 실로 사상례(士喪禮)를 이해하는 데 도움이 되는 글이고, 이 외에도 모든 경서(經書)와 일체의 선진고문(先秦古文)에 사상(死喪)에 관한 일을 논한 것이 있어서 모두 상호 의거하고 고증할 수 있으니, 내가 태어난 세대가 비록 늦기는 하지만, 그 의거한 것은 이른 세대에 있으니 해로울 것이 없고 또한 아무 상관이 없다.

내가 이 때문에 일찍이 여기에 뜻을 두었으나, 다만 직무 수행과 빈객(賓客)의 접촉으로 이 일을 착수할 여가가 없었다. 그런데 가경(嘉慶 : 淸 仁宗의 연호) 신유년(순조1, 1801)

겨울에 내가 영남(嶺南)에서 체포되어 서울에 올라왔다가, 또 다시 강진으로 귀양 가게 되었다. 강진은 옛날 백제의 남쪽 변방으로 지역이 낮고 풍속이 고루하였다. 이때에 그곳 백성들은 유배된 사람 보기를 마치 큰 해독처럼 여겨서 가는 곳마다 모두 문을 부수고 담장을 허물어뜨리면서 달아나 버렸다. 그런데 한 노파가 나를 불쌍히 여겨 자기 집에 머물게 해주었다. 이윽고 나는 창문을 닫아걸고 밤낮 혼자 오뚝이 앉아 있노라니, 함께 이야기할 사람이 없었다.

이에 흔연히 스스로 경하하기를 '내가 여가를 얻었도다' 하고, 드디어 사상례(士喪禮) 3편과 상복(喪服) 1편을 그 주석까지 가져다가 침식(寢食)을 잊기까지 하면서 정밀히 연구하고 조사하였다. 그리고 그 중에 마음에 합당하지 않은 것이 있을 경우에는 옛날 서적을 널리 상고하고, 경서(經書)로 경서를 고증해서 성인의 뜻에 맞게 하기를 목표로 하였고, 때로는 저것과 이것을 대비하여 두 가지의 내용이 서로 밝혀지게 하였다. 이는 비유하자면 마치 기기(奇器)나 법기(法器)는 기아(機牙)를 한번 치면 온갖 기묘한 광경이 고루 나타나지만 바꾸지 못할 진실한 이치는 그 기기 자체에 있는 것과 같으니, 진실로 즐거워할 만하였다.

이때에 우리 중씨(仲氏) 손암 선생(巽庵先生 : 정약용의 둘째형인 정약전을 가리킴)도 나주의 섬에서 귀양살이를 하고 있었다. 책이 대충 작성된 뒤에 부쳐서 보여드렸더니, "네가 예(禮)에 있어서 마치 장탕(張湯)이 옥사(獄事)를 다스리듯이 세밀히 분석하고 정리하여 빠뜨림이 없구나"라고 하였다. 아, 말씀이 이와 같으니 근사하게 되었나 보다. 이에 감히 차례를 정하여 책을 엮었다.

그러나 저 그른 것을 밝히지 않으면 이 옳은 것이 정립되지 않는다. 그러므로 제가(諸家)의 학설에서 무릇 경서의 뜻을 어지럽힐 수 있는 것과 경서의 뜻을 발명할 수 있는 것을 두 가지 모두 나타내어 후세의 군자로 하여금 공정한 마음으로 듣고 보아서 오직 옳은 것만 구하도록 하자는 것이 또한 내 뜻이었다.

내가 생각하건대, 옛날의 예를 오늘날 행하지 않는 것은 감히 옛날의 예를 가벼이 여겨서 그런 것이 아니다. 예란 천지의 정(情)이 인정(人情)에 화협(和協)하여 이루어진 것이다. 동한(東漢) 이후로 위서(緯書 : 경서의 뜻을 가탁하여 길흉화복을 예언한 서적)가 크게 일어나서, 괴이하고 바르지 못한 논의가 인심을 경동(驚動)하여 의혹되게 하였으므로, 예가 이로 말미암아 폐해지고, 따라서 비속하고 경박한 풍속이 그 틈을 타서 일어나게 되었다. 그래서 그 처음을 바르게 하지 않음으로 해서 인습된 잘못을 바로잡을 수 없고 옛것을 회복할 수 없었다. 그러므로 힘껏 배척하여 바로잡았고, 감히 잘못된 것을 그대로 따르지는 않았다. 그리고 순수하여 흠이 없는 것은 빠뜨리지 않고 삼가 그대로 두었는데, 마침내 따른 것은 10에 8, 9가지요 따르지 않는 것은 10에 1, 2가지 정도였다. 후세 사람이라면 그래도 나를 이해하겠는가?

그 사상례를 해석한 것은 '상의광(喪儀匡)'이라 하고, 따라서 의금(衣衾)과 관곽(棺槨)의 제도에 관해 언급한 것을 '상구정(喪具訂)'이라 하고, 최관(衰冠 : 喪服에 착용하는 冠)·질대(絰帶 : 喪服에 착용하는 首絰과 腰帶)의 제도에 관해 갖추어 논한 것을 '상복상(喪服商)'이라 하고, 오복(五服)의 기한을 논한 것을 '상기별(喪期別)'이라 하였다. 모두 60권인데 이를 합하여 『상례사전(喪禮四箋)』이라 명명하였다. 이를 상자 속에 간직하여 후세를 기다리는 바이니, 혹시 우리나라에서 시행하고 외국에까지 전파하여 옛 성인의 정밀한 뜻을 천명하는 이가 있다면, 내가 곤궁을 당하여도 근심이 없겠다.

『방례초본(경세유표)』의 서문(邦禮草本序)

여기서 논하는 것은 법이다. 법인데도 명칭을 예(禮)라고 한 것은 무엇인가. 예전 성왕(聖王)들은 예로써 나라를 다스리고 백성을 인도하였다. 그런데 예가 쇠퇴해지자 법이라는 명칭이 생겼다. 법은 나라를 다스리는 것이 아니고 백성을 인도하는 것도 아니다.

천리(天理)에 헤아려 보아도 합당하고 사람에게 시행해도 화합하는 것을 예라 하며, 두렵고 비참한 것으로 협박하여 백성들이 벌벌 떨며 감히 죄를 범하지 못하도록 하는 것을 법이라 한다. 선왕은 예를 법으로 삼았고 후왕(後王)은 법을 법으로 삼았으니, 이것이 같지 않은 것이다. 주공(周公)이 주(周)나라를 경영할 적에 낙읍(洛邑)에 있으면서 법 6편을 제정하고 이를 예라 이름하였으니, 그것이 예가 아닌데도 주공이 어찌 예라고 하였겠는가.

세속에서 요순 시대의 태평 정치를 말하는 자는 '요(堯)와 순(舜)은 모두 팔짱을 끼고 공손한 모습으로 아무 말 없이 띠 지붕 밑에 앉아 있어도, 그 덕화(德化)가 전파되는 것이 마치 향기로운 바람이 사람을 감싸는 것과 같았다' 한다. 이리하여 희희(熙熙 : 화락한 모양)한 것을 순순(淳淳 : 순박한 모양)하다고 하고 호호(皡皡 : 만족하게 여기는 모양)한 것을 거거(蘧蘧 : 만족하게 여기는 모양)하다 하고, 무릇 시행하거나 동작하는 것이 있으면 곧 당우(唐虞) 시대를 인증하여 윽박지른다. 그러면서 '한비(韓非)·상앙(商鞅)의 술법(術法)이 각박하고 정심(精深)한 것은 실로 말세의 풍속을 다스릴 만한 것이건만, 요순은 어질고 영진(嬴秦)은 포악하였으므로, 엉성하고 느슨한 것을 옳게 여기고 정밀하고 각박한 것을 그르게 여기지 않을 수 없다' 한다.

그러나 내가 살펴보건대, 마음을 분발하고 일을 일으켜서 천하 사람을 바쁘고 시끄럽게 노역시키면서, 한번 숨쉴 틈에도 안일하지 못하도록 한 이는 요순이요, 정밀하고 각박하여 천하 사람을 조심하고 송구하여 털끝만큼이라도 감히 거짓을 꾸미지 못하도록 한 이도 요순이었다. 천하에 요순보다 더 부지런한 사람이 없었건마는 하는 일이 없었다고 속이고, 천하에 요순보다 더 정밀한 사람이 없었건마는 엉성하고 우활하다고 속인다. 그래서 임금이 언제나 일을 하고자 하면 반드시 요순을 생각하여 스스로 중지하도록 한다. 이것이 천하가 나날이 부패해져서 새로워지지 못하는 까닭이다.

공자(孔子)가 '순(舜)은 하는 일이 없었다' 한 것은, 순이 현명하고 성스러운 신하를 22인이나 두었으니, 또 무슨 할 일이 있었겠느냐는 뜻이다. 그 말뜻은 참으로 넘쳐흐르고 억양이 있어 말 밖의 기풍과 정신을 얻기에 충분하다. 그런데 지금 사람들은 오로지 이 한 마디 말을 가지고서, 순은 팔짱 끼고 말없이 단정히 앉은 채 손가락 하나 움직이지 않았어도 천하가 순순히 다스려졌다 하고는, 요전(堯典)과 고요모(皐陶謨)는 모두 까마득히 잊어버리니, 어찌 답답하지 않겠는가.

『주역(周易)』건괘(乾卦)에 '하늘의 운행은 굳건하다(天行健)' 하였다. 밝고 밝은 요순은 하늘과 함께 굳건하여 일찍이 잠깐 동안이라도 쉬지 못하였으며, 그의 신하인 우(禹)·직(稷)·설(契)·고요(皐陶) 등도 아울러 맹렬히 분발하여 임금의 팔다리와 귀와 눈의 역할을 하였다. 그런데 지금 대신의 지위에 있는 이는 바야흐로 '대체를 가진다(持大體)'는 세 글자만을 가지고 천하만사를 다한 것으로 생각하니, 또한 지나치지 않은가.

조참(曹參)이 청정한 도로 정승 자리에 있었던 것은, 한나라는 덕(德)이 없이 일어나서 가혹한 진나라 뒤를 이었으니, 조금만 요동시키면 백성이 장차 무리지어 일어나 난리를 꾸밀 것이므로, 그 형세가 자잘한 생선을 삶듯 하는 것을 법으로 삼지 않을 수가 없었기 때문이다. 진평(陳平)은 큰 간인(姦人)이다. 음양(陰陽)을 다스리고 사시(四時)를 순조롭게 하는 것을 대신의 직분이라 하여 남의 단점을 때워 넘겼다. 위상(魏相)과 병길(丙吉)은 또한 모두 꾀를 잘 내고 벼슬살이를 교묘하게 하여, 진평의 옛 비결을 다시 이용해서 스스로 자신들의 엉성한 허물을 엄폐하고 깊숙한 승상부(丞相府)에서 하는 일 없이 녹만 받아먹었으니, 그 당우(唐虞) 시대에 굳은살이 박이도록 분주하게 일하던 이와 비교하면 진실로 어떠한가.

가의(賈誼)는 말할 만한 때에 말을 하였다. 그러나 제왕(帝王)의 흥망의 운수를 가지고서 무언가 제작(制作)하는 것이 있게 하려 했다면 말을 할 만한 때였지만, 현우(賢愚)가 뒤섞인 그 장수와 정승들을 가지고서 서로 협동하기를 바라는 말은 할 수가 없는 때였다. 그러므로 '일 꾸미기를 좋아하는 소년'이라는 지목을 받아 울분을 품고 억울하게 죽었다.

왕안석(王安石)은 청고(淸苦 : 청렴하여 곤궁을 잘 견딤)한 체하여 행실을 가다듬고, 경전을 인용하여 그 간사함이 드러나지 않도록 꾸미었다. 그러나 실은 이제(二帝)와 삼왕(三

王)의 도(道)가 자기 가슴속에 환하지 못했고, 다만 일시의 얕은 소견으로 천하 사람을 몰아서 상고(商賈)의 이익으로 얽어매었다. 그리하여 온 천하가 기대하는 원로대신들과 싸우려 하여 조정이 텅 비더라도 그것을 걱정하지 않았으니, 이것이 바로 천하 사람이 그를 욕하게 된 까닭이다. 『주례(周禮)』에 청묘법(靑苗法)과 보갑법(保甲法)을 말한 적이 있었던가. 청묘법과 보갑법을 왕안석이 『주례』에서 나온 것이라고 속였다 하여 온 세상이 왕안석의 일을 경계로 삼아서, 혹 법을 조금 변경해야 한다고 말하는 자가 있으면 무리지어 일어나서 힘껏 공격하여 그를 왕안석이라 지목하고, 자신은 한기(韓琦)와 사마광(司馬光)으로 자처하니, 이는 천하의 큰 병통이다.

하우씨(夏禹氏)의 예(禮)는 하우씨가 홀로 제정한 것이 아니라, 곧 요(堯)·순(舜)·우(禹)·직(稷)·설(契)·고요(皐陶) 등이 함께 마음을 합하고 정성과 지혜를 다해서 만세를 위해 법을 제정한 것인데, 한 조목 한 조례인들 아무나 바꿀 수 있겠는가.

그러나 은(殷)나라 사람이 하(夏)나라를 대신하게 되어서는 줄이거나 보태는 것이 없을 수 없었고, 주(周)나라 사람이 은나라를 대신하게 되어서도 줄이거나 보태는 것이 없을 수 없었다. 왜냐하면, 세도(世道)는 마치 강하(江河)가 옮겨지는 것과 같으니, 한 번 정한 것이 만세토록 변동하지 않는다는 것은 이치로 보아 그렇게 될 수가 없다.

진나라 사람의 법은 곧 진나라 사람의 법이었고 수많은 성왕들이 전한 법이 아니었다. 그런데도 한나라가 일어나서는 진나라의 법만을 다 그대로 따랐고 감히 털끝만큼도 변동하지 못하였다. 심지어는 10월을 1년의 첫 달로 삼았고, 서적 가진 자를 극률(極律)로 다스리면서, 백 년이나 그대로 내려오다가, 무제(武帝) 이후에야 비로소 한두 가지를 약간 변동하였다.

이와 같은 것은 무슨 까닭인가. 은나라와 주나라 사람은 명철하고 슬기롭고 성스러워서, 그 재주와 식견이 비록 순(舜)이나 우(禹)가 만든 것이라도 줄이고 보태서 시대의 형편에 적합하도록 할 수 있었던 것이다. 그러나 한나라 사람은 거칠고 어리석어서, 그 재주와 식견으로는 비록 상앙과 이사(李斯)가 만든 것이라도 일체 따라서 하고 거기서 벗어날 줄을 몰랐던 것이다. 이것으로 보면, 법을 고치지 못하는 것과 제도를 변경하지 못하는 것은 일체 본인이 현능하거나 어리석은 데에 연유한 것이지, 천지의 이치가 원래부터 변경함이 없고자 한 것은 아니었다.

위대하신 우리 효종대왕(孝宗大王)께서는 공법(貢法)을 고쳐서 대동법(大同法)으로 하였고, 또한 우리 영종대왕(英

宗大王)께서는 노비법(奴婢法)을 고치고, 군포법(軍布法)을 고치고, 한림 천법(翰林薦法)도 고쳤다. 이것은 모두 천리에 합당하고 인정에 화합하여, 마치 사시(四時)가 서로 갈음하여 바뀌지 않을 수 없는 것과 같았다. 그런데도 당시 국사를 의논하던 신하들의 발언이 뜰에 가득하였는데, 기세를 올려 힘껏 간하여, 임금의 옷소매를 잡아끌고, 대궐 난간을 부러뜨리던 옛 사람의 일을 스스로 본받으려 한 자가 있기까지 하였다. 그러나 그 법을 시행한 지 수백 년에 걸쳐 낙(樂)을 누리고 복을 받았으니 그 뒤에야 백성의 뜻이 조금 안정되었다. 만약 효종·영종 두 임금이 들뜬 논의에 미혹되어, 시일만 보내고 그것을 고치지 않았더라면 그 법의 이해(利害)와 득실(得失)은 마침내 천고에 밝혀지지 않았을 것이다.

영종이 균역법(均役法)을 제정할 때에 저지하는 이가 있었는데, 영종은 '나라가 망한다 하더라도 이 법은 고치지 않을 수 없다' 하였다. 아, 이는 대성인(大聖人)의 위대한 말씀으로, 세속 임금이 애써 노력하여 할 수 있는 말이 아니다. 그러므로 법을 고치고 현능한 사람에게 관직을 임명하는 것은 춘추필법(春秋筆法)에서 귀중하게 여겼으니, 법을 잘못 고친 왕안석의 일 때문에 법 고치는 것을 무조건 나무라는 것은 용렬한 사람의 속된 말이므로 현명한 임금이 걱정할 것이 못 된다.

오늘날 일을 저지하는 이는 문득 '조종(祖宗)이 제정한 법을 논의할 수 없다' 한다. 그러나 조종의 법은 대부분 국가를 창건하던 초기에 만든 것이다. 그때에는 천명(天命)을 아직 환하게 알 수 없었고, 인심도 미처 안정되지 못하였으며, 공신인 장수·정승 중에는 거칠고 억센 무인(武人)이 많았고, 백관 사졸 중에는 변덕스런 소인이 많았다. 그래서 각기 자기 사심으로써 자신의 이익만 구하다가 조금이라도 마음에 만족하지 못하면 반드시 무리지어 일어나서 난을 일으켰다.

이러므로 성스러운 임금과 어진 신하가 조정에서 비밀히 국사를 계획할 적에 좌우가 돌아봐지고 앞뒤가 걸려서 끝내는 아무 일도 하지 못하고야 말았다. 대체로 아무 일도 하지 못하게 되어서는 옛 법대로만 따랐으니, 옛 법대로 따르는 것이 원망을 적게 하는 길이며 비록 그 법이 합당하지 못한 점이 있더라도 내가 한 것이 아니라는 생각에서였다.

그러므로 국가를 창건한 초기에 법을 고치지 못하고 말세의 풍속을 그대로 따르는 것을 당연한 법칙으로 삼으니, 이것이 예나 지금이나 공통된 근심거리이다. 그러므로 우리나라의 법은 고려의 옛 법을 따르는 것이 많았는데, 세종 때에 와서 조금 줄이고 보탠 것이 있었다. 그리고 한번 임진왜란이 있은 이후로는 온갖 법도가 타락하고 모든 일이 어수선하였다. 군문(軍門)을 자꾸 증설(增設)하여 국가 재정이 탕진되고 전제(田制)가 문란해져서 부세(賦稅)의 징수가 편중되었다. 재물이 생산되는 근원은 힘껏 막고, 재물이 소비되는 길은 마음대로 터놓았다. 그리고는 오직 관서(官署) 혁파하고 관원 줄이는 것을 구급(救急)하는 방법으로 삼았다. 그래서 이익되는 것은 되(升)나 말(斗)만큼이라면 손해되는 것은 산더미 같았다. 모든 관직이 구비되지 않아서 정사(正士 : 정규 관원)에게 녹봉이 없고, 탐욕 하는 풍습이 크게 일어나서 백성들이 고통을 받았다.

그윽이 생각건대, 대개 털끝만큼 작은 일이라도 병폐 아닌 것이 없으니, 지금에 와서 고치지 않으면 반드시 나라를 망치고야 말 것이다. 이것이 어찌 충신과 지사가 팔짱 끼고 방관할 수 있는 것이겠는가.

『주역(周易)』 간괘(艮卦)에 '생각이 제 위치를 벗어나지 못한다' 하였고, 군자는 '그 지위에 있지 않으면 그 정사에 참여하지 않는다' 하였으니, 죄에 연루된 신하로서 감히 나라의 예법(邦禮)을 논하겠는가. 논하지 못할 것이 당연하다. 그러나 반계(磻溪) 유형원(柳馨遠)이 법 고치는 일을 논의했어도 죄를 받지 않았고, 그의 글도 나라 안에서 간행되었으니, 그 말을 쓰지 않았을 뿐이지 그 말을 한 것은 죄가 되지 않았다.

초본(艸本)이라 한 것은 무엇 때문인가? 초(艸)라는 것은 수정과 윤색을 필요로 하는 것이다. 식견이 얕고 지혜가 짧으며, 경력이 적고 견문이 고루하며, 거처하는 곳이 후미지고 서적이 모자라면, 비록 성인이 가렸다 하더라도 능숙한 솜씨로 하여금 수정 윤색하도록 하지 않을 수 없다. 수정 윤색하지 않을 수가 없는 것이 초가 아니겠는가.

오직 관서(官署)를 1백 20으로 한정하고, 육조(六曹)가 각각 20관서를 거느리도록 하는 것은 변동할 수 없다. 관계(官階)를 9품(品)으로 정하고 정(正)과 종(從)의 구별이 없으며, 1품과 2품에만 정과 종이 있도록 하는 것은 변동할 수 없다. 호조(戶曹)를 교관(教官 : 주나라 때 인민과 토지를 맡은 관청)으로 하고, 육부(六部)를 육향(六鄉)으로 삼아 향삼물(鄉三物)을 두어 만민(萬民)을 가르친다는 명목은 변동할 수가 없다.

고적(考績)하는 법을 엄하게 하고 고적하는 조목을 상세하게 하여, 당우(唐虞) 시대의 옛 법대로 회복하는 것은 변동할 수 없다. 삼관(三館)과 삼천(三薦)의 법을 혁파하여, 신진(新進)은 귀천을 구분하지 않도록 하는 것은 변동할 수 없다. 능(陵)을 수호하는 관직은 초임으로 맡기지 말아서, 요행으로 벼슬하는 길을 막는 것은 변동할 수 없다.

대과(大科 : 문과)와 소과(小科 : 생원시와 진사시)를 합쳐서 하나로 만들고 급제자 36인을 뽑되 3년 만에 대비(大比)하며, 증광(增廣)·정시(庭試)·절제(節製) 따위 법을 없애서 사람 뽑는 데에 제한이 있도록 하는 것은 변동할 수 없다. 문과(文科)와 무과(武科)는 그 정원은 같게 하고 과거에 급제한 사람은 다 관직에 보임되도록 하는 것은 변동할 수 없다.

전지 10결(結)에 대해 1결을 공전(公田)으로 삼아 농부에게 조력(助力)토록 하고 세(稅)를 별도로 거두지 않는 것은 변동할 수 없다. 군포(軍布)의 법을 없애고 9부(賦)의 제도를 정리하여 민역(民役)을 크게 고르도록 하는 것은 변동할 수 없다. 둔전(屯田)의 법을 제정하여 경성 수십 리 안은 모두 삼군(三軍)의 전지로 만들어 왕도를 호위하고 경비를 줄이고, 읍성 수리(數里) 안은 모두 아병(牙兵)의 전지로 만들어 군현을 호위하도록 하는 것은 변동할 수 없다.

사창(社倉)의 한도를 정하고 상평(常平)의 법을 제정하여 농간과 부정을 막는 것은 변동할 수 없다. 중전(中錢)과 대전(大錢), 은전(銀錢)과 금전(金錢)을 주조해서 구부환법(九府圜法)의 등급을 분변하여 돈이 연경(燕京)으로 빠져나가는 길을 막는 것은 변동할 수 없다. 향리(鄕吏)의 정원을 제한하고 세습하는 법을 금해서 간사하고 교활함을 막는 것은 변동할 수 없다. 이용감(利用監)을 개설하고, 북학(北學)의 법을 의논하여 부국강병(富國强兵)을 도모하는 것은 변동할 수 없다.

무릇 이와 같은 것들이 진실로 결단하여 행하여지기를 바라거니와, 소소한 조례(條例)와 자잘한 명수(名數)에 혹 구애되어 통하기 어려움이 있는 것들이야 어찌 굳이 내 소견을 고집하여 한 글자도 변동할 수 없다 하겠는가. 그 고루한 것은 용서하고 편협한 것은 공평하게 하여, 수정하고 윤색할 것이다. 혹 수십 년 동안 시행하여 그 편리한가의 여부를 징험해 보고 난 다음, 금석(金石) 같은 불변의 법전으로 만들어서 후세에 전한다면 이것이 또한 지극한 소원이며 큰 즐거움이 아니겠는가.

잘 정비된 수레를 잘 길들여진 말에다가 멍에를 메우고도 좌우로 옹위하고 수백 보쯤 전진시켜 보아 그 장치가 잘되었는지를 시험한 뒤에야 동여매고 몰아가는 것이다. 임금이 법을 제정하여 세상을 이끌어 가는 것이 이것과 무엇이 다르겠는가.

이것이 곧 초본(艸本)이라 이름하는 까닭이다. 아, 이것이 초본이 아니겠는가.

『목민심서』의 서문(牧民心書序)

옛날 중국의 순임금은 요임금의 뒤를 이어 12목(牧 : 중국 12州의 지방장관)에게 물어, 그들로 하여금 백성을 다스리게(牧民) 하였고, 주(周)나라 문왕(文王)이 정치를 할 때는 사목(司牧 : 지방장관)을 세워 수령으로 삼았으며, 맹자는 평륙(平陸)에 가서 가축 사육하는 것을 백성 다스리는 데 비유하였으니(『맹자』「공손축」下), 이로 미루어 보면 백성 다스리는 것을 목(牧)이라 하는 것은 성현이 남긴 뜻이다.

성현의 가르침에는 원래 두 가지 길이 있는데, 하나는 사도(司徒 : 周代 六卿의 하나)가 백성을 가르쳐 각각 수신(修身)하도록 하는 것이고, 또 하나는 태학(太學)에서 국자(國子 : 公・卿・大夫의 자제)를 가르쳐 각각 몸을 닦고 백성을 다스리도록 하는 것이니, 백성을 다스리는 것이 바로 목민(牧民)인 것이다. 그렇다면 군자의 학문은 수신이 그 반이요, 반은 백성 다스리는 것이다.

성인의 시대가 이미 오래되었고 성인의 말도 없어져서 그 도(道)가 점점 어두워졌다. 요즘의 지방장관이란 자들은 이익을 추구하는 데만 급급하고 어떻게 백성을 다스려야 할 것인지는 모르고 있다. 이 때문에 백성들은 곤궁하고 피폐하여 서로 떠돌다가 굶어죽은 시체가 구덩이에 가득한데도 지방장관이 된 자들은 한창 좋은 옷과 맛있는 음식으로 자기만 살찌우고 있으니, 어찌 슬픈 일이 아니겠는가.

나의 아버지께서는 성조(聖朝)의 인정을 받아, 연천현감(漣川縣監)·화순(和順)현감·예천군수(醴泉郡守)·울산도호부사(蔚山都護府使)·진주목사(晉州牧使)를 지냈는데, 모두 치적이 있었다. 비록 나는 불초하지만 그때 따라다니면서 보고 배워서 다소 듣고 깨달은 바가 있었으며, 뒤에 수령이 되어 이를 시험해 보아서 다소 증험도 있었다. 그러나 뒤에 떠도는 몸이 되어서는 이를 쓸 곳이 없게 되었다.

먼 변방에서 귀양살이한 지 18년(1801~1818) 동안 사서(四書)와 오경(五經)을 되풀이 연구하여 수기(修己)의 학을 공부하였다. 다시 백성을 다스리는 것이 학문의 반이라 하여, 이에 중국 역사서인 23사(史)와 우리나라 역사 및 문집 등 여러 서적을 가져다가 옛날 지방 장관이 백성을 다스린 사적을 골라, 세밀히 고찰하여 이를 분류한 다음, 차례로 편집하였다.

남쪽 시골은 전답의 조세(租稅)가 나오는 곳이라, 간악하고 교활한 아전들이 농간을 부려 그에 따른 여러 가지 폐단이 어지럽게 일어났는데, 내 처지가 비천하므로 들은 것이 매우 상세하였다. 이것 또한 그대로 분류하여 대강 기록하고 나의 천박한 소견을 붙였다.

모두 12편으로 되었는데, 1은 부임(赴任), 2는 율기(律己), 3은 봉공(奉公), 4는 애민(愛民)이요, 그 다음은 차례대로 육전(六典 : 六曹의 집무 규정)이 있고, 11은 진황(賑荒), 12는 해관(解官)이다.

12편이 각각 6조(條)씩 나뉘었으니, 모두 72조가 된다. 혹 몇 조를 합하여 한 권을 만들기도 하고, 혹 한 조를 나누어 몇 권을 만들기도 하여 통틀어 48권으로 한 부(部)가 되었다. 비록 시대에 따르고 풍습에 순응하여 위로 선왕(先王)의 헌장(憲章)에 부합되지는 못하였지만, 백성 다스리는 일에 있어서는 조례(條例)가 갖추어졌다.

고려 말기에 비로소 오사(五事)로 수령들을 고과(考課)하였고, 조선에서도 그대로 하다가 뒤에 칠사(七事)로 늘렸는데, 이를테면, 수령이 해야 할 일의 대강만을 들었을 뿐이다.

그러나 수령이라는 직책은 관장하지 않는 일이 없으니 여러 조목을 열거하여도 직책을 다하지 못할까 두려운데, 하물며 스스로 고찰하여 스스로 시행하기를 기대할 수 있겠는가.

  이 책은 첫머리의 부임(赴任)과 맨 끝의 해관(解官) 2편을 제외한 나머지 10편에 들어 있는 것만도 60조나 되니, 진실로 어진 수령이 제 직분을 다할 것을 생각한다면 아마도 그 방법에 어둡지 않을 것이다.……

『흠흠신서』의 서문(欽欽新書序)

　오직 하늘만이 사람을 살리고 죽이니 인명은 하늘에 매여 있는 것이다. 그런데 지방관이 또 그 중간에서 선량한 사람은 편히 살게 해 주고, 죄 있는 사람은 잡아다 죽이는 것이니, 이는 하늘의 권한을 드러내 보이는 것일 뿐이다. 사람이 하늘의 권한을 대신 쥐고서 삼가고 두려워할 줄 몰라 털끝만한 일도 세밀히 분석해서 처리하지 않고서 소홀히 하고 흐릿하게 하여, 살려야 되는 사람을 죽게 하기도 하고, 죽여야 할 사람을 살리기도 한다. 그러면서도 오히려 태연하고 편안하게 여긴다. 또는 부정한 방법으로 재물을 얻고 부인(婦人)들을 호리기도 하면서, 백성들의 비참하게 절규하는 소리를 듣고도 그것을 구휼할 줄 모르니, 이는 매우 큰 죄악이 된다.

인명(人命)에 관한 옥사(獄事)는 군현에서 항상 일어나는 것이고 지방관이 항상 만나는 일인데도, 실상을 조사하는 것이 항상 엉성하고 죄를 결정하는 것이 항상 잘못된다. 옛날 우리 건릉(健陵 : 정조의 능호인데 정조를 가리킴) 시대에 감사(監司)와 수령 등이 항상 이것 때문에 폄출(貶黜)을 당했으므로, 차츰 경계하여 근신하게 되었다. 그런데 근년에 와서는 다시 제대로 다스리지 않아서 억울한 옥사가 많아졌다.

내가 목민에 관한 말을 수집하고 나서, 인명에 대해서는 '이는 마땅히 전문적으로 다루는 것이 있어야겠다' 하고, 드디어 이 책을 별도로 편찬하였다. 경서(經書)의 훈설(訓說)을 머리에 실어서 정밀한 뜻을 밝히고, 다음에 사적(史跡)을 실어서 옛날의 관례를 나타내었으니, 이른바 경사지요(經史之要)로서 3권이다. 다음에는 비판하고 자세히 논박한 말을 실어서 당시의 법식을 살폈으니, 이른바 비상지준(批詳之雋)으로 5권이다. 다음에는 청(淸)나라 사람이 의단(擬斷 : 죄를 헤아려 형벌을 정함)한 사례를 실어서 차등을 분별하였으니, 이른바 의율지차(擬律之差)로 4권이다.

다음에는 선조(先朝) 때 군현의 공안(公案) 중에서 문사(文詞)와 논리가 비루하고 속된 것은 그 뜻에 따라 윤색하고, 해조(該曹)의 의논과 왕의 판결은 삼가 그대로 기록하되 간간이 내 의견을 덧붙여서 천명하였으니, 이른바 「상형지의

(祥刑之議)」로 15권이다. 전에 황해도 지방의 군읍에 있을 적에 왕명을 받들어 옥사를 다스렸고, 들어와서 형조 참의(刑曹參議)가 되어 또 이 일을 맡았었다. 그리고 죄를 받아 귀양살이하며 떠돌아다닌 이후로도 때때로 옥사의 정상을 들으면 또한 장난삼아 의의(擬議 : 가상적으로 옥사를 논하고 죄를 정함)해 보았는데, 변변치 못한 나의 이 글을 끝에 붙였으니, 이른바 「전발지사(剪跋之詞)」로 3권이다. 이들이 모두 30권인데, 『흠흠신서(欽欽新書)』라 이름하였다. 내용이 자잘하고 잡스러워서 순수하지는 못하지만, 일을 당한 이는 그래도 참고할 수 있을 것이다.

옛날 자산(子産)이 형전(刑典)에 새기자 군자가 그것을 나무랐고, 이회(李悝)가 『법경(法經)』을 만들자 뒷사람이 그를 가벼이 보았다. 그러나 인명에 관한 조목은 그 중에 들어 있지 않았다. 그리고 그 뒤 수당(隋唐) 때에 와서는 이를 절도(竊盜)·투송(鬪訟)과 혼합하고 나누지 않아서, 세상에서 아는 것은 오직 한 패공(漢 沛公 : 한 고조)이 약속한 '사람을 죽인 자는 죽인다'는 그것뿐이었다.

명(明)나라가 천하를 통치함에 이르러 율례(律例)가 크게 밝혀져서 인명에 관한 모든 조목이 환하게 나타났다. 그래서 모(謀)·고(故)·투(鬪)·희(戲)·과(過)·오(誤)의 분별이 세밀하게 나열되고 분명하게 제시되어 어둡거나 의혹스러울 것이 없었다. 그런데 다만 사대부는 어려서부터 머리가 희어질 때까지 오직 시부(詩賦)나 잡예(雜藝)만 익혔을 뿐이므로 갑자기 목민관이 되면 어리둥절하여 손쓸 바를 모른다. 그래서 차라리 간사한 아전에게 맡겨 버리고는 감히 알아서 처리하지 못하니, 저 재화(財貨)를 숭상하고 의리를 천히 여기는 간사한 아전이 어찌 중도에 맞게 형벌을 처리할 수 있겠는가.

차라리 일을 다스리는 여가에 이 책을 펼쳐 놓고서 인증(引證)하고 우익(羽翼)으로 하여 『세원록(洗冤錄)』, 『대명률(大明律)』의 보좌로 삼으면, 그 유(類)를 미루어서 아주 정밀한 데에 이르러 또한 심의(審議)하는 데 도움이 있을 것이요, 하늘의 권한도 잘못 집행하지 않게 될 것이다.

옛날 구양문충(歐陽文忠)은 이릉(夷陵)에 있을 적에 관아에 일이 없자 해묵은 공안(公案)을 가져다가 이리저리 사례를 끌어내어, 이를 일생 동안 옥사를 다스리는 데 경계의 자료로 삼았는데, 하물며 자신이 그 지위에 있으면서 그 직무를 걱정하지 않아서야 되겠는가.

'흠흠(欽欽)'이라 한 것은 무슨 까닭인가. 삼가고 삼가는(欽欽) 것은 본디 형벌을 다스리는 근본인 것이다.

'국화 그림자를 읊은 시'의 서문(菊影詩序)

국화가 여러 꽃 중에서 특히 뛰어난 것이 네 가지 있다. 늦게 피는 것이 하나이고, 오래도록 견디는 것이 하나이고, 향기로운 것이 하나이고, 고우면서도 화려하지 않고 깨끗하면서도 싸늘하지 않은 것이 하나이다.

세상에서 국화를 사랑하기로 이름나서 국화의 취미를 안다고 자부하는 자도 사랑하는 것이 이 네 가지에 벗어나지 않는다. 그런데, 나는 이 네 가지 외에 또 특별히 촛불 앞의 국화 그림자를 취하였다. 밤마다 그것을 위하여 담장 벽을 쓸고 등잔불을 켜고 쓸쓸히 그 가운데 앉아서 스스로 즐겼다.

하루는 남고(南皐) 윤이서(尹彝叙 : 이서는 尹奎範의 자)에게 들러, "오늘 저녁에 그대가 나에게 와서 자면서 나와 함께 국화를 구경하세"라고 하였더니, 윤이서는, "국화가 아무리 아름답다 한들 어찌 밤에 구경할 수 있겠는가"라고 하면서 몸이 아프다 핑계하고 사양하므로, 내가 말하기를, "구경만 한 번 해 보게" 하고 굳이 청하여 함께 돌아왔다. 저녁이 되어, 일부러 동자(童子)를 시켜 촛불을 국화 한 송이에 바싹 갖다대게 하고는, 남고(南皐)를 인도하여 보이면서, "기이하지 않는가?" 하였더니, 남고가 자세히 들여다보고는, "자네의 말이 이상하군. 나는 이것이 기이한 줄을 모르겠네"라고 하였다. 그래서 나도 그렇다고 하였다.

한참 뒤에 다시 동자를 시켜 법식대로 하였다. 이에 옷걸이·책상 등 모든 산만하고 들쭉날쭉한 물건을 제거하고, 국화의 위치를 정돈하여 벽에서 약간 떨어지게 한 다음, 비추기 적당한 곳에 촛불을 두어서 밝게 하였다. 그랬더니 기이한 무늬, 이상한 형태가 홀연히 벽에 가득하였다. 그 중에 가까운 것은 꽃과 잎이 서로 어울리고 가지와 곁가지가 정연하여 마치 묵화를 펼쳐놓은 것과 같고, 그 다음의 것은 너울너울하고 어른어른하며 춤을 추듯이 하늘거려서 마치 달이 동녘에서 떠오를 때 뜨락의 나뭇가지가 서쪽 담장에 걸리는 것과 같았다. 그중 멀리 있는 것은 산만하고 흐릿하여 마치 가늘고 엷은 구름이나 놀과 같고, 사라져 없어지거나 소용돌이치는 것은 마치 질편하게 나뒤치는 파도와 같아, 번쩍번쩍 서로 엇

비슷해서 그것을 어떻게 형용할 수 없었다. 그러자 이서(彝叙)가 큰 소리를 지르며 뛸 듯이 기뻐하면서 손으로 무릎을 치며 감탄하기를, "기이하구나. 이것이야말로 천하의 빼어난 경치일세"라고 하였다. 감탄의 흥분이 가라앉자 술을 먹게 하고, 술이 취하자 서로 시를 읊으며 즐겼다. 그때 주신(舟臣 : 李儒修의 字)·해보(徯父 : 韓致應의 字)·무구(无咎 : 尹持訥의 字)도 같이 모였다.

여유당기(與猶堂記)

 자기가 하고 싶지는 않으나 부득이 해야 하는 것은 그만둘 수 없는 일이요, 자기는 하고 싶으나 남이 알지 못하게 하기 위해 하지 않는 것은 그만둘 수 있는 일이다. 그만둘 수 없는 일은 항상 그 일을 하고는 있지만, 자기가 하고 싶지 않기 때문에 때로는 그만둔다. 하고 싶은 일은 언제나 할 수 있으나, 남이 알지 못하게 하려고 하기 때문에 또한 때로는 그만둔다. 진실로 이와 같이 된다면 천하에 도무지 일이 없을 것이다.

 나의 병은 내가 잘 안다. 나는 용감하지만 지모(智謀)가 없고 선(善)을 좋아하지만 가릴 줄을 모르며, 맘 내키는 대로 즉시 행하여 의심할 줄을 모르고 두려워할 줄을 모른다. 그만둘 수도 있는 일이지만 마음에 기쁘게 느껴지기만 하면 그만두지 못하고, 하고 싶지 않은 일이지만 마음에 꺼림칙하여 불쾌하게 되면 그만둘 수 없다. 그래서 어려서부터 세속 밖에 멋대로 돌아다니면서도 의심이 없었고, 이미 장성하여서는 과거(科擧) 공부에 빠져 돌아설 줄 몰랐고, 나이 30이 되어서는 지난 일의 과오를 깊이 뉘우치면서도 두려워하지 않았다. 이 때문에 선(善)을 끝없이 좋아하였으나, 비방은 홀로 많이 받고 있다. 아, 이것이 또한 운명이란 말인가? 이것은 나의 본성 때문이니, 내가 또 어찌 감히 운명을 말하겠는가?

내가 노자(老子)의 말을 보건대, "겨울에 시내를 건너는 것처럼 신중하게 하고(與), 사방에서 나를 엿보는 것을 두려워하듯 경계하라(猶)"고 하였으니, 아, 이 두 마디 말은 내 병을 고치는 약이 아닌가? 대체로 겨울에 시내를 건너는 사람은 차가움이 뼈를 에듯 하므로 매우 부득이한 일이 아니면 건너지 않으며, 사방의 이웃이 엿보는 것을 두려워하는 사람은 다른 사람의 시선이 자기 몸에 이를까 염려한 때문에 매우 부득이한 경우라도 하지 않는다.

편지를 남에게 보내어 경례(經禮)의 같고 다름을 논하고자 하다가 이윽고 생각하니, 그렇게 하지 않더라도 해로울 것이 없었다. 하지 않더라도 해로울 것이 없는 것은 부득이한 것이 아니므로, 부득이한 것이 아닌 것은 또한 그만둔다. 남을 논박하는 소(疏)를 봉(封)해 올려서 조신(朝臣)의 시비를 말하고자 하다가 이윽고 생각하니, 이것은 남이 알지 못하게 하려는 것이었다. 남이 알지 못하게 하려는 것은 마음에 크게 두려움이 있어서이므로, 마음에 크게 두려움이 있는 것은 또 그만둔다. 진귀한 옛 기물을 널리 모으려고 하였지만 이것 또한 그만둔다. 관직에 있으면서 공금을 농간하여 그 남은 것을 훔치겠는가? 이것 또한 그만둔다. 모든 마음에서 일어나고 뜻에서 싹트는 것은 매우 부득이한 것이 아니면 그만두며, 매우 부득이한 것일지라도 남이 알지 못하게 하려는 것은 그만둔다. 진실로 이와 같이 된다면, 천하에 무슨 일이 있겠는가?

내가 이 뜻을 얻은 지 6~7년이 되는데, 이것을 당(堂)에 편액으로 달려고 했다가, 이윽고 생각해 보고는 그만두었다. 초천(苕川)에 돌아와서야 문미(門楣)에 써서 붙이고, 아울러 이름 붙인 까닭을 적어서 어린 아이들에게 보인다.

두 아들에게 보여 주는 가계(示二子家誡)

　나는 일찍이 조괄(趙括 : 전국시대 趙나라 장수로 아비의 글을 읽기만 했다 함)은 불초한 자식이 아니라고 여겼다. 괄은 그 아비의 서전(書傳)을 읽을 수 있었으니 이미 어진 아들이 아니겠는가? 나는 나라의 은혜를 입어 실낱같은 목숨을 보전하여 여러 해를 궁색하게 살아오는 동안 저술한 책이 제법 많다. 그러나 한스러운 것은 너희들이 곁에 있지 않으므로 미묘한 말과 뜻을 전해 듣지 못했고 문리(文理)가 통창하지 못한 관계로 취미를 느끼지 못하는 점이다. 한두 가지를 억지로 말해 주어도 마치 진 효공(秦孝公)이 제왕(帝王)의 도리를 듣는 것과 같으니(아무리 말해도 알아듣지 못함을 뜻함) 오히려 무슨 의미가 있겠느냐? 내 아들이 요 모양이므로 천년을 기다리기가 어려우니 상자에 가득 쌓인 장서(藏書)가 후세의 자운(子雲 : 漢나라의 揚雄의 字로서 참으로 자신을 알아줄 사람을 지칭)에게까지 보여질 수 있겠느냐?

내가 죽은 뒤에 아무리 정결한 희생과 풍성한 안주를 진설해 놓고 제사를 지내준다 하여도, 내가 흠향하고 기뻐하는 것은 내 책 한 편을 읽어 주고 내 책 한 장(章)을 베껴 주는 일보다는 못하게 여길 것이니, 너희들은 그 점을 기억해 두어라.

『주역사전(周易四箋)』은 바로 내가 하늘의 도움을 얻어 지어낸 책이요 절대로 사람의 힘으로 통할 수 있고 사람의 지혜나 생각으로 이룰 수 있는 바가 아니다. 이 책에 마음을 가라앉혀 깊이 생각하여 오묘한 뜻을 모두 통할 수 있는 사람이 있다면 그는 바로 나의 자손이나 붕우가 되는 것이니 천년에 한 번 나오더라도 배 이상 나의 정을 쏟아 애지중지할 것이다.

『상례사전(喪禮四箋)』은 바로 내가 성인을 독신(篤信)하여 지은 책으로, 내 생각에는 광란의 물결을 돌리고 온갖 내(川)를 막아 수사(洙泗 : 孔·孟)의 참된 근원으로 돌아가게 했다고 여기는 것이니, 정밀하게 생각하고 관찰하여 그 오묘한 뜻을 터득하는 사람이 있다면, 이것이야말로 뼈에 살을 붙이고 죽은 생명을 살려준 은혜와 같아 천금을 주지 않더라도 받은 것처럼 감지덕지하겠다. 이 2부(部)만 전습(傳襲)할 수 있다면 나머지 것들은 폐기한다 하더라도 괜찮겠다.

나는 가경(嘉慶) 임술년(순조 2년, 1802) 봄부터 곧 저서하는 것을 업으로 삼아 붓과 벼루만을 곁에다 두고 아침부터 저녁까지 쉬지 않았다. 그 결과로 왼쪽 어깨에 마비증세가 나타나 마침내 폐인의 지경에 이르고, 안력(眼力)이 아주 어두워져서 오직 안경에만 의지하게 되었는데, 이렇게 한 것은 무엇 때문이었겠느냐? 너희들과 학초(學樵, 다산의 조카)가 있기에 전술(傳述)하여 떨어뜨리지 않을 것으로 여겼는데, 지금 학초는 불행히 명이 짧았고 너희들은 영락하여 친근한 사람도 없는 데다 성미조차도 경전을 좋아하지 않고 오직 후세의 시율(詩律)이나 조금 알아보는 형편이니, 『주역(周易)』과 『상례(喪禮)』 두 책이 결국 없어져서 빛을 보지 못할 지경에 이를까 참으로 두렵구나.

『시경강의(詩經講義)』 8백 조(條)는 내가 건릉(健陵 : 正祖의 능호)의 알아줌과 추장(推奬)함을 가장 많이 받은 저술로서 임금의 평이 융중하고 조목마다 임금의 제자(題字)가 있었다. 때마침 제어함이 있어 각중(閣中)에 들어가지 못했는데, 교리(校理) 이명연(李明淵)이 입으로 전해 준 1조목만으로도 이미 깜짝 놀랄 만큼 분에 넘치는 칭찬이었다. 그러나 그 가운데의 대(對)한 말에는 평범하여 계발할 바가 없는 것도 있으니, 생략하고 깎아내어 내 저술 전집의 머리 부분으로 만들어 우리 건륭의 어평(御評)을 서문이 되도록 하는 것이 나의 뜻이다.

나의 성미는 시율(詩律)을 좋아하지 않아 신유년(순조 1, 1801) 이전의 것은 대부분 화답(和答)하거나 남의 요구에 의해 책임막이로 지은 것이었다. 간혹 만흥(漫興)이나 한음(閒吟)도 있기는 하나 전혀 마음먹고 힘들여 지은 것들이 아니다. 유배되면서부터 지은 것들은 괴롭고 고통스러움을 토로한 시가 없지 않으나 나는 평소에 유자후(柳子厚) 유배 시기의 글들이 처량하고 구슬픈 언어가 대부분인 것을 수치스럽게 여기던 터라 마침내 시 짓는 일을 그만두었다. 오랜 세월 귀양살이를 하다보니 어려움에 처해 있어도 편안한 생활처럼 여겨져서 어떤 때는 산에도 오르고 물가에도 나아가 회포가 확 트이면 그 뜻을 발출하여 시를 짓기도 하였는데 그 문장과 뜻이 호탕하였다. 그러나 나의 지극한 즐거움은 경전에 있었기에 끝내 퇴고(推敲)에 유념하지 않아서 문집 속에 실은 여러 시들이 대부분 마음에 드는 게 없다. 나를 위하여 보잘것없는 것들을 덜어내고 아름답고 선명한 것들만 남겨 주는 사람이 있다면, 이 사람이야말로 나를 알아주는 사람이다.

모원의(茅元儀)의 『무비지』(武備志 : 명의 모원의가 쓴 국방에 관한 책)는 핵심을 다하여 쓴 책이 못 된다. 그러나 우리나라에는 아직 이러한 편저(編著)가 없으니, 그 책의 문목(問

目)을 모방하여 별도로 우리나라의 비어(備禦)에 쓸 책을 만들고 싶어서 평소에 뜻을 가슴에 두고 있었다. 그러나 유배 온 이래로 서적을 얻지 못하여 끝내 손을 대지 못했으니 너희들이 나의 뜻을 알았다면 반드시 편집을 꾀하여 중요한 내용을 짜놓도록 하라. 다행히 내가 살아서 고향으로 돌아간다면 감정(鑑定)하고 산삭·윤색할 수 있을 것이다. 지리에 관한 여러 조목은 대략 가닥을 추려 놓았으니, 너희들에게 그다지 수고를 끼치지 않아도 될 것이다.

명·청 시대 이래로, 경학이 갈래가 많아 개개의 책이 이루어져 거의 빠뜨린 연구 분야가 없다. 그러나 『주역』과 『예기』 두 책은 이미 허다한 황무지를 개척할 것이 보이고 있으니, 하늘은 총명한 사람을 아끼어 한 사람에게만 미명(美名)이 돌아가도록 하려 하지 않는다는 것을 증험할 수 있다.

상례(喪禮)는 비록 자세히 정리하였으나 왕조례(王朝禮)에 대해서는 아직 논저가 없고, 더구나 길례(吉禮)·가례(嘉禮)·군례(軍禮)·빈례(賓禮) 등의 분야는 아직도 넓게 남아 있으니, 이것이 이른바 나머지 다하지 못한 복을 남겨 두어 자손들에게 넘겨준다는 것이 아니겠느냐?

왕조상례(王朝喪禮)는 다만 보충하여 편찬한 책인데 대략 의거한 곳이 있다. 정승 김재로(金在魯)가 헌의(獻議)했던 여러 설은 모두 예경(禮經)을 깊이 연구한 것으로 수사(洙泗)의 옛 뜻에 위배되지 않으니 이것을 또한 알지 않으면 안 된다. 모대가(毛大可 : 淸나라의 毛奇齡)는 전혀 예를 알지 못하니, 내가 전에 글을 지어 논변하고 싶었으나, 그걸 이루 다 지적할 수도 없어서 그만두었다.

대체로 저서 하는 법은 경적(經籍)을 으뜸으로 삼아야 하고 그 다음은 경세(經世)와 택민(澤民)의 학문이어야 하며, 국경을 지키고 성을 쌓는 기구의 제도로 외침을 막아낼 수 있는 분야의 것들도 소홀히 해서는 안 된다. 자질구레한 이야기들로 구차하게 한 때의 괴상한 웃음이나 자아내게 하는 책이라든지, 진부하고 새롭지 못한 이야기나 지리하고 무용한 논의와 같은 것들은 다만 종이와 먹만 허비할 뿐이니, 좋은 과일나무를 심고 좋은 채소를 가꾸어 생전의 살 도리나 넉넉하게 하는 것만 못할 것이다.

김공후에게 보냄(與金公厚)

지금 호남(湖南) 일대에 근심스러운 일이 두 가지 있으니, 그 하나는 백성들의 소요이고, 하나는 관리의 탐학입니다. 그 때문에 요 몇 해 사이에 깊은 산골로 이사한 명문대가(名門大家)가 수천이나 됩니다. 무주(茂朱)·장수(長水) 사이에는 풀밭에서 노숙하는 자가 산골짜기에 가득하고 순창(淳昌)·동복(同福) 사이에는 떠도는 백성이 길을 메웠으며, 바닷가의 여러 마을에는 촌락이 텅 비어 전원(田園)의 값이 없으니, 그 모양은 황급하고 그 소리는 흉흉합니다.

이사도 가지 못한 빈약한 자들은 또 모두 그 사전(社錢)을 헐고 그 문중 재물을 흩어 남에게 뒤질세라 술과 고기에다 관현악기를 사가지고 산과 물로 가서 밤낮을 가리지 않고 마시고 떠들고 허벅지와 손뼉을 치며 즐기고 있으나, 이는 즐기는 것이 아니라 앞으로 닥칠 불행을 슬퍼하는 것입니다. 그 원인이 어디에 있겠습니까? 뜻을 잃고 나라를 원망하는 무리들이 유언비어를 퍼뜨려 위태로운 말로 선동하고 참위(讖緯)의 사설(邪說)을 조작하여 백성들을 현혹시킵니다. 한 사람이 거짓말을 퍼뜨리면 많은 사람들은 참말로 알고 전하므로 비록 장의(張儀)·소진(蘇秦)의 말재주가 있다 하더라도 그 사실을 밝혀낼 수 없기 때문입니다.

그런데도 수령이란 사람들은 귀머거리인 양 전혀 들으려 하지 않고 감사란 사람들도 전혀 마음을 쓰지 않으니, 이는 마치 자녀가 미친병에 걸려 함부로 고함을 치고 난폭하게 행동하는데도 부모나 형장(兄長)이란 사람이 전혀 어디가 아픈지를 묻지 않는 것과 같습니다. 조정은 백성의 심장이고 백성은 조정의 사지이니, 힘줄과 경락의 연결과 혈맥의 유통은 순간의 막힘이나 끊김도 있어서는 안 됩니다. 그런데 지금은 백성들이 두려워 근심하고 있는데도 위로해 주지 않고 일대가 어지러운데도 어루만질 생각은 않고서, 오직 침탈(侵奪)과 뒤집어 엎기만을 서두를 뿐, 집이 무너지면 제비나 참새도 서식할 곳을 잃는다는 것은 모릅니다.

진실로 백성들의 말과 같다면 반드시 남쪽의 우환이 있을 것이니, 성곽과 갑병(甲兵)을 수선하고 장수를 뽑아 군졸을

훈련시켜 중요한 곳을 지키게 하여 밖으로는 적의 침입을 막고 안으로는 백성들의 사기를 북돋아야 되고, 병을 숨기고 치료를 꺼려 종기를 키워 어느 날 느닷없이 닥치는 환란을 당해서는 안 됩니다. 만약 그렇게 할 수 없다면 한 사람의 사신(使臣)을 보내어 조정을 믿고서 불안해하지 말도록 백성을 깨우쳐 주고, 유언비어를 퍼뜨린 자를 찾아내어 처벌하고, 이사하거나 떠도는 자들을 이유 여하를 막론하고 모두 고향으로 돌려보내어 손상을 입힘으로써 징계하는 일을 시행해야 됩니다. 그런데 이미 저렇게도 하지 않고 이렇게도 하지 않으며 쌓인 폐단을 그대로 방치하여 전혀 상관하지 않으니 이는 또 무슨 법입니까?

탐관오리의 불법(不法)을 자행함이 해마다 늘어나고 갈수록 심해집니다. 6~7년 동안 동서로 수백 리를 돌아다녀 보니 갈수록 더욱 기발하고 고을마다 모두 그러하여 추악한 소문과 냄새가 참혹하여 차마 들을 수가 없었습니다. 관(官)에서 아전과 함께 장사를 하며 아전을 놓아 간악한 짓을 시키니 온갖 고통 때문에 백성들이 편히 살 수 없습니다. 법 아닌 법이 달마다 생겨나서 이제는 일일이 셀 수조차 없을 지경입니다.

하읍(下邑)의 아전들도 재상과 교제를 맺지 않은 자가 없어, 재상의 편지가 내리기라도 하면 기세가 올라 그 편지를 팔아 위세를 펼쳐 위아래에 과시하는데도 수령은 위축이 되어 감히 가벼운 형벌도 가하지 못하고 백성들은 겁이 나서 감히 그 비행을 말하지 못하므로 권위가 생겨 멋대로 해칩니다. 계산해 보면 고을 안에 이런 무리가 5~6명을 밑돌지 않으니, 양 떼 속에서 범을 쫓아 버리지 않고 논에서 피를 제거하지 않는다면 어찌 양이 잘 자라고 벼가 무성할 수가 있겠습니까.

그런데 감사가 군현(郡縣)을 돌아다닐 적이면 가는 곳마다 반드시 이 5~6명을 불러 좋은 얼굴빛으로 대해 주고 음식을 내려주는데, 이런 접대를 받은 자들이 물러나서는 하늘과 땅도 두려워하지 않고 악행을 저지른다는 것을 깨닫지 못하니 애석합니다. 일로(一路)가 이러하니 제로(諸路)를 알 수 있고, 제로가 이러하니 나라가 장차 어찌 되겠습니까.

이 몸은 풍비(風痺)가 점점 심해지고 온갖 병이 생겨 언제 죽을지 모르겠으니, 기쁜 마음으로 장강(瘴江, 풍토병이나 전염병 같은 사나운 기운이 생기는 江)에 뼈를 던지겠으나, 마음속에 서려 있는 나라를 근심하는 충성을 발산할 길이 없어 점점 응어리가 되어가므로 술에 취한 김에 붓 가는 대로 이와 같이 마음속을 털어놓았으니, 밝게 살피시고 나의 어리석음을 용서하시기 바랍니다.

두 아들에게 부침(寄二兒)

임술(1802, 순조2년) 12월 강진의 유배지에서

　하늘과 땅 사이의 만물에는 자연적으로 완벽하게 좋은 것이 있는데, 이러한 것들은 기이하다고 할 것이 못 되며, 오직 무너지고 훼손되었거나 깨지고 찢어진 것들을 잘 보수하고 다스려서 완벽하게 좋은 것으로 만들어야만 그 공덕을 찬탄할 수 있는 것이다. 그러므로 죽을 병을 치료한 자를 양의(良醫)라 부르고, 위태로운 성(城)을 구출한 자를 명장(名將)이라고 부르는 것이다. 오늘날 공경(公卿)의 훌륭한 집안 자제들이 관면(冠冕)을 쓰고 가문의 명성을 계속하는 것은, 어리석은 사람이라 하더라도 누구나 할 수 있는 것이다. 너는 지금 폐족(廢族)인데 만일 그 폐족의 처지를 잘 대처해서 본래의 가문보다 더 완벽하게 좋은 것으로 만든다면, 또한 기특하고 아름다운 일이 아니겠느냐?

그 폐족의 처지를 잘 대처한다 함은 무엇을 두고 하는 말인가? 그것은 오직 독서하는 것 한 가지뿐이다. 이 독서야말로 인간의 제일가는 깨끗한 일로서, 호사스런 부호가(富豪家)의 자제는 그 맛을 알 수 없고 또한 궁벽한 시골의 수재(秀才)들도 그 오묘한 이치를 알 수 없다. 오직 벼슬아치 집안의 자제로서 어려서부터 듣고 본 바가 있고 중년에 재난을 만나 너희들 처지와 같은 자라야 비로소 독서를 할 수 있는 것이다. 이는 저들이 독서를 하지 못한다는 것이 아니라, 뜻도 모르고 그냥 읽기만 하는 것은 독서라고 이름할 수 없기 때문이다.

삼대(三代) 이상 경험이 없는 의원에게서는 그 약을 복용하지 않는다 하였으니, 문장 또한 그러하다. 반드시 대대로 글을 하는 집안이라야 문장에 능할 수 있는 것이다. 돌이켜 보건대 내 재주가 너희들보다는 다소 낫다고 할 수 있겠으나, 내 어려서는 나아갈 방향을 알지 못하였으며, 15세가 되어서야 서울에 올라가 유학하였으나 방랑하기만 하여 터득한 것이 없었다. 20세에는 비로소 과거공부에 전심하였는데, 태학(太學)에 들어간 뒤로는 또 변려문(騈儷文)에 골몰하였고, 뒤이어 규장각(奎章閣)에 예속되었는데 하찮은 문장학에 머리를 썩인 지가 10년 가까이 되었으며, 그 후에 또 교서관(校書

館)의 일에 분주하였다.

곡산(谷山 : 황해도 지방)에 부임해서는 또 백성 다스리는 일에 온 정력을 기울였다가 서울로 돌아와서는 신공(申公 : 申獻朝를 가리킴)·민공(閔公 : 閔命赫을 가리킴) 두 분의 탄핵을 받았고, 그 이듬해에는 반염(攀髥 : 황제가 용의 갈기를 잡고 승천했다는 고사에서 나온 말로 정조의 승하를 가리킴)의 슬픔을 만나게 되었다. 경향 각지로 분주히 돌아다니다가 지난봄에 화를 당하게 되었으니, 거의 하루도 독서에 전념할 수 없었다. 그러므로 나의 시(詩)나 문(文)은 은하수의 물로 씻는다 하더라도 끝내 과문(科文)의 기미를 씻을 수 없고 그 중에 잘된 것이라 할지라도 관각체(館閣體)의 기미를 벗어날 수 없다. 그런데 내 수염과 머리는 이미 백발이 희끗희끗해졌고 정력 또한 이미 쇠약해졌으니, 이 어찌 운명이 아니겠느냐……

독서에는 반드시 먼저 근기(根基)를 세워야 한다. 무엇을 근기라 하는가? 학문에 뜻을 두지 않으면 독서를 할 수 없으니 학문에 뜻을 둔다면 반드시 먼저 근기를 세워야 한다. 무엇을 근기라 하는가? 효·제(孝·悌)가 그것이다. 모름지기 먼저 효·제를 힘써 근기를 세운다면 학문은 자연히 몸에 배게 되는 것이다. 학문이 몸에 배게 되면 독서는 따로 그 층절(層節)을 논할 것이 없다.

내가 하늘과 땅 사이에 외롭게 살면서 의지하여 운명으로 삼는 것은 오직 문묵(文墨)일 뿐이다. 간혹 한 구절, 한 편의 마음에 맞는 글을 짓게 되면 나 혼자만이 읊조리고 감상하다가, 이윽고 생각하기를 '이 세상에서 오직 너희들에게만이 보여줄 수 있다'고 하는데, 너희들의 생각은 멀리 연(燕)나라나 월(越)나라처럼 여겨 문자 보기를 쓸모없는 변모(弁髦)처럼 여기고 있구나. 세월이 흘러 몇 해를 지나, 너희들이 나이가 들어서 기골이 장대해지고 수염이 길게 자라면 얼굴을 대하면 미워질 것인데, 그때에 이 애비의 글을 읽으려 하겠느냐.

나의 생각에는 조괄(趙括)이 아비의 글을 잘 읽었으니, 훌륭한 자제라고 여겨진다. 너희들이 만일 독서하려고 하지 않는다면 이는 나의 저서가 쓸모없게 되는 것이요, 나의 저서가 쓸모없게 되면 나는 할 일이 없게 되어, 장차 눈을 감고 마음을 쓰지 않아 흙으로 만들어 놓은 우상(偶像)이 될 것이니, 그렇게 되면 나는 열흘도 못 되어 병이 날 것이요, 병이 나면 고칠 수 있는 약도 없을 것이다. 그렇다면 너희들이 독서하는 것이 나의 목숨을 살리는 일이 아니겠느냐. 너희들은 이것을 생각하여라.

내가 지난번에도 누차 말하였다마는 청족(淸族)은 비록 독서를 하지 않는다 할지라도 저절로 존경을 받게 되지만, 폐족(廢族)이 되어 학문을 힘쓰지 않는다면 더욱 가증스럽지 않겠느냐. 다른 사람들이 천시하고 세상에서 비루하게 여기는 것도 슬픈데, 지금 너희들은 스스로 자신을 천시하고 비루하게 여기고 있으니, 이는 너희들 스스로가 비통함을 만들고 있는 것이다.

  너희들이 끝내 배우지 않고 스스로 포기해 버린다면, 내가 지은 저술과 간추려 뽑아놓은 것들을 장차 누가 모아서 책을 엮고 바로잡아 보존시키겠느냐. 그렇게 할 수 없다면 이는 나의 글이 끝내 전해질 수 없게 되는 것이다. 내 글이 전해지지 못한다면 후세 사람들은 단지 사헌부의 탄핵과 그 죄상(罪狀)을 나열한 논고에 의거해서 나를 평가하게 될 것이니, 나는 장차 어떠한 사람이 되겠느냐. 너희들은 아무쪼록 이 점을 생각해서 분발하여 학문에 힘써 나의 이 한 가닥 문맥이 너희에게 이르러 더욱 커지고 더욱 왕성해지게 하여라. 그렇게 되면 훌륭한 집안의 좋은 벼슬도 이러한 청귀(淸貴)함과 바꿀 수는 없을 것이다. 무엇 때문에 이를 버리고 도모하지 않느냐……

도산사숙록(陶山私淑錄)

 을묘년(정조 19년, 1795) 겨울에 나는 금정(金井)에 있었다. 마침 이웃 사람을 통하여 『퇴계집(退溪集)』 반부(半部)를 얻어, 매일 새벽에 일어나 세수를 마치고 나서 곧 '어떤 사람에게 보낸 편지' 1편을 읽고 나서야 아전들의 참알(參謁)을 받았다. 낮에 이르러 연의(演義) 1조씩을 수록하여 스스로 깨우치고 살피었다. 그리고 돌아와서 『도산사숙록(陶山私淑錄)』이라 이름하였다.……

 조건중(曺楗中)에게 답하는 편지에 '보내온 편지에 〈학자(學者)가 이름을 도둑질하여 세상을 속인다〉는 논의는, 고명(高明 : 상대방에 대한 존칭)만이 근심하는 것이 아닙니다'라고 하였다.

대저 이름을 좋아한다는 말을 피하려 하면 천하의 일은 할 만한 것이 없다. 세상을 속이고 이름을 도둑질하는 사람은 본디 미워할 만한 것이다. 그러나 이 논의를 가벼이 하면 이는 천하의 사람을 거느리고서 악으로 몰아가는 것이 된다. 그래서 반드시 주정하고 꾸짖고 음탕하고 오만하며 말이 패악하고 재물을 탐내어 염치가 없어진 뒤에야 바야흐로 이름을 좋아한다는 말을 잘 면할 수 있다. 그렇지 않은 사람은 다 의사(疑似)한 사이에 있게 될 것이니, 어찌 옳은 일이겠는가. 그 논의가 예민한 자, 노둔한 자 등의 모든 병통은 곧 선생이 평일 많은 사람을 교육하여 다 일일이 경험한 것이다. 이들을 다 감싸고 아울러 포용하여 훈도(薰陶)하고 고주(鼓鑄)해서 함께 대도(大道)에 이르게 하였으니, 아, 그 얼마나 훌륭한가.

그 가운데 처음에는 정성스럽다가 마지막에는 소홀한 자와, 곧장 폐하였다가 자주 회복하는 자들은 이 또한 사장(師長)들이 쉽게 버리는 바이다. 그런데, 위대하다, 선생이시여! 진실로 학문으로 자처하면 기꺼이 즐겨 받아들여 다 함육(涵育) 속에 있게 하지 아니함이 없었다. 이러한데도 오히려 교화에 따르기를 좋아하지 않은 사람이 있었겠는가.

이 글을 여러 번 되풀이 읽고 나니, 나도 모르게 기뻐서 뛰고 감탄하여 무릎을 치며 감격하여 눈물이 나서 애연(藹然)

히 '솔개가 날아 하늘에 이르고(鳶飛戾天) 물고기가 못에서 뛰는(魚躍于淵)' 뜻이 있었다.……

노이재(盧伊齋)에게 답하는 두 번째 편지에 '〈살아 있지 않으면 정체한다(不活則滯)〉에 대해서는 내가 전일 본 것이 매우 잘못되었으니 지금 공의 말씀대로 따릅니다' 라고 하였다.

이것이 비록 미세한 것이나 실로 선생의 큰 본원이 나타난 곳이니, 천하의 큰 용기가 아니면 이렇게 할 수 없을 것이고, 인욕(人欲)이 말끔히 다 없어지고 하늘의 이치가 유행하는 경지가 아니면 이렇게 할 수 없을 것이다.

세상의 문인이나 학자들은 혹 한 글자 한 글귀라도 남에게 지적을 당하면, 속마음으로는 그 잘못을 깨달으면서도 잘못과 그른 것을 꾸며서, 승복하고 굽히려 하지 않는다. 심지어는 발끈 얼굴빛에 나타내고 꽁하게 마음에 품고 있으며, 마침내는 해치고 보복하는 사람까지 있기도 하니 어찌 여기에서 보고 느끼지 못하는가. 어찌 문자(文字)에서만 그러할 뿐이 겠는가. 모든 언론(言論)과 시행(施行)하는 사이에도 더욱 이러한 근심이 있으니, 마땅히 거듭 생각하고 살펴서 이런 병통을 없애기에 힘써야 할 것이다. 그래서 만일 그 잘못을 깨달으면 즉시 생각을 바꾸어 고쳐서 봄눈 녹듯이 선(善)을 좇아야만, 거의 무상(無狀)한 소인이 되지 않을 것이다.……

이숙헌(李叔獻)에게 답하는 별지(別紙)에 '이치를 궁구

(窮理)하는 데에는 가닥이 많습니다. 궁구하는 바의 일이 혹 얽히고설키며 단단하여 힘으로 탐색하여 통할 수 있는 것이 아니거나, 혹은 내 천성이 이에 우연히 어두워서 억지로 밝혀 내기 어려운 것에 대해서는 우선 이 한 가지 일은 버려두고, 별도로 다른 일에 나아가 궁구해야 합니다. 이같이 궁구해 오고 궁구해 가서 오래도록 깊게 익히 되풀이하면 저절로 마음이 점차 밝아져서 의리의 실지가 점차 눈앞에 나타나게 될 것입니다. 그때 다시 전에 궁구하지 못한 것을 가져다가 세밀하게 찾고 연구하여 이미 궁구된 도리와 참험(參驗)하여 비추어보면 자신도 모르는 사이에 전에 궁구하지 못한 것까지 아울러 일시에 서로 깨치게 될 것이니, 이것이 궁리(窮理)의 활법(活法)입니다' 라고 하였다.

내가 품성이 조급하여 궁리하는 데에 있어 본디 오래 견디어 내지 못하였다. 혹 하나의 사리를 궁구하다가 때로 막히어 통하지 않는 것이 있으면, 곧 심사(心思)가 번급(煩急)하고 정신이 황혹(荒惑)해져 중도에 그만둠을 면치 못하는데, 독서에 특히 이런 병통이 있었다. 지금 선생이 논한 바를 보면, 그 병을 고치는 약이 절실하고 타당하여, 다 참으로 알고 실지로 이행한 체험에서 나온 것이다. 이러한 묘결(妙訣)을 얻어서 이것으로 궁리하면, 뚫어서 투철하지 못하고 녹여서 소화하지 못할 근심이 없을 것이니 감히 늘 눈여겨보며 힘쓰고 힘쓰지 않을 수 있겠는가.

이숙헌에게 답하는 편지에 '숙헌이 전후 논변한 바를 보니 매양 선유(先儒)의 학설을 가지고서 반드시 먼저 그 옳지 않은 곳을 찾아 힘써 물리쳐야 합니다'라고 하였다.

초학자(初學者)들이 경전에 대해 선생·장자(長者)와 왕복하며 문난(問難)하려면 반드시 그 학설에서 착오가 있는 곳을 집어낸 뒤에야 비로소 의문을 제기하여 질정할 수 있는 것이다. 율곡이 당시에 선생에게 왕복하며 문난하려 하였으니, 그 물은 바가 이와 같지 않을 수 없었던 것이다.

대체로 남의 흠을 꼬치꼬치 찾아내어 새로운 의견 내기를 힘쓰는 자는 본디 큰 병통이거니와, 지혜를 버리고 의욕을 끊어서 전적으로 옛 경전을 답습하는 자도 또한 실득(實得)이 없다. 학자가 선유의 학설에 진실로 의심스러운 곳이 있으면 지레 별도의 의견을 내지도 말고, 또한 지레 지나간 일로 제쳐 버리지도 말아야 할 것이다. 모름지기 자세히 연구하여 말한 사람의 본지를 깨치도록 힘써서 반복하여 참험(參驗)해야 할 것이다.

그렇게 해서 혹 환하게 풀리더라도 묵묵히 스스로 한 번 웃을 것이고, 혹 그 잘못된 곳을 더 발견하더라도 또한 공평한 마음으로 용서하고 순리로 해석하여 모씨(某氏)는 그렇게 보았으므로 그렇게 말하였던 것이니, 지금 이렇게 보면 마땅히 이렇게 말해야 한다고 해야 할 것이다. 하필 겨우 한 부분을 보고서 기화(奇貨)를 얻은 것처럼 좋아 날뛰고 조잘조잘 아는 체하여 꺼리는 바가 없이 옛 것을 배척하고 자기 의견을 내세우기를 모기령(毛奇齡)처럼 할 것인가.

파리를 조문하는 글(弔蠅文)

　가경(嘉慶 : 청 인종의 연호) 경오년(순조 10년, 1810) 여름에 파리가 극성하여 온 집안에 득실거리고 점점 번식하여 산곡(山谷)에까지 만연하였다. 고루거각(高樓巨閣)에서도 일찍이 얼어 죽지 않더니 술집과 떡 가게에 구름처럼 몰려들고 윙윙거리는 소리가 우레 같았다. 노인들은 탄식하며 괴변이라 하고, 소년들은 성을 내며 소탕전을 폈다. 그리하여 혹은 구통(笱筒)을 설치하여 거기에 걸려 죽게 하고, 혹은 독약을 쳐서 그 약 기운에 마취되어 전멸하게 하였다. 이에 나는 말하기를, "아! 이는 죽여서는 안 되는 것으로, 이는 굶주려 죽은 자의 전신(轉身)이다. 아! 기구하게 사는 생명이다. 애처롭게도 지난해 큰 기근을 겪고 또 겨울의 혹한을 겪었다. 그로 인해서 염병이 돌게 되었고 게다가 또 다시 가혹한 징수까지 당하여 수많은 시체가 길에 널려 즐비하였고, 그 시체를 버린 들것은 언덕을 덮었다. 수의(壽衣)도 관도 없는 시체에 훈훈한 바람이 불고 기온이 높아지자, 그 피부가 썩어 문드러져 옛 추깃물과 새 추깃물이 고여 엉겨서 그것이 변해 구더기가 되어 항하(恒河)의 모래보다도 만 배나 많았는데, 이 구더기가 날개를 가진 파리로 변해 인가로 날아드는 것이다. 아! 이 파리가 어찌 우리의 동류가 아니랴. 너의 생명을 생각하면 저절로 눈물이 흐른다. 이에 음식을 만들어 널리 청해 와 모이게 하니 서로 기별해 모여서 함께 먹도록 하라" 하고 다음과 같이 조문하였다.

"파리야, 날아와서 이 음식 소반에 모여라. 수북이 담은 흰쌀밥에 국도 간 맞춰 끓여 놓았고, 무르익은 술과 단술에 밀가루로 만든 국수도 겸하였으니, 그대의 마른 목구멍과 그대의 타는 창자를 축이라.

파리야, 날아와 훌쩍훌쩍 울지만 말고 너의 부모와 처자를 모두 거느리고 와서 여한 없이 한번 실컷 포식하라. 그대의 옛 집을 보니, 쑥대가 가득하며 뜰은 무너지고 벽과 문짝도 찌그러졌는데, 밤에는 박쥐가 날고 낮에는 여우가 운다. 또 그대의 옛 밭을 보니 가라지만 길게 자랐다. 금년에는 비가 많아 흙에 윤기가 흐르건만, 마을엔 사람이 살지 않아 황무한 폐허가 되었다.

파리야, 날아와 이 기름진 고깃덩이에 앉으라. 살진 소다리의 그 살집도 깊으며 초장에 파도 쩌놓고 농어 생선회도 갖추어 놓았으니, 그대의 굶주린 창자를 채우고 얼굴을 활짝 펴라. 그리고 또 도마에 남은 고기가 있으니 그대의 무리에게 먹이라. 그대의 시체를 보니 이리저리 언덕 위에 넘어져 있는데, 옷도 못 입고 모두 거적에 싸여 있다. 장맛비가 내리고 날씨가 더워지자 모두 이물(異物)로 변하여, 꿈틀꿈틀 어지러이 꾸물거리면서 옆구리에 차고 넘쳐 콧구멍까지 가득하다. 이에 허물을 벗고 변신하여 구속에서 벗어나고, 송장만 길가에 있어 행인이 놀라곤 한다. 그래도 어린 아이는 어미 가슴이라고 파고들어 그 젖통을 물고 있다. 마을에서 그 썩는 시체를 묻지 않아 산에는 무덤이 없고, 그저 움푹 파인 구렁을 채워 잡초가 무성하다. 이리가 와 뜯어먹으며 좋아 날뛰는데, 구멍이 뻐끔뻐끔한 해골만이 나뒹군다. 그대는 이미 나비 되어 날고 번데기만 남겨 놓았구나.

파리야, 날아서 고을로 들어가지 마라. 굶주린 사람만 엄격히 가리는데 서리가 붓대 잡고 그 얼굴을 자세히 살핀다. 대나무처럼 빽빽이 늘어선 사람 중에 다행히 한번 간택된다 하여도 물같이 멀건 죽 한 모금 얻어 마시면 그만인데도 묵은 곡식에서 생긴 쌀벌레는 위아래로 어지러이 날아다닌다. 돼지처럼 살찐 건 호세 부리는 아전들인데, 서로 부동하여 공로를 아뢰면 가상히 여겨 견책하지 않는다. 보리만 익으면 진장(賑場 : 飢民을 구제하기 위한 임시 구호소)을 거두고 연회를 베푸는데, 북소리와 피리소리 요란하며, 아미(蛾眉)의 아리따운 기생들은 춤추며 빙빙 돌고 교태를 부리면서 비단 부채로 가린다. 비록 풍성한 음식이 있어도 그대는 마음대로 먹을 수가 없단다.

파리야, 날아서 관(館)으로 들어가지 마라. 깃대와 창대가 삼엄하게 나열하여 꽂혀 있다. 돼지고기, 쇠고기 국이 푹 물러 소담하고 메추리구이와 붕어 지짐에 오리 국, 그리고 꽃무늬 아름다운 중배끼 약과를 실컷 먹고 즐기며 어루만지고 구경하지만, 큰 부채를 흔들어 날리므로 그대는 엿볼 수도 없단다. 장리(長吏)가 주방에 들어가 음식을 살피는데, 쟁개비에 고기를 지지며 입으로 불을 분다. 계피 물, 설탕물에 칭찬도 자자하나, 호랑이 같은 문지기가 철통같이 막아서서 애처로운 호소를 물리치면서 소란을 피우지 말라고 한다. 안에선 조용히 앉아 음식 먹으며 즐기고 있고 아전 놈은 주막에 앉아 제멋대로 판결하여, 말을 달려 여리(閭里)가 편안하다고 보고하면서, 길에는 굶주린 사람 없고 태평하여 걱정이 없다고 한다.

파리야, 날아와 환혼(還魂)하지 말라. 지각없이 영원토록 혼혼한 그대를 축하한다. 죽어도 앙화는 남아 형제에게 미치게 되니, 6월에 벌써 조세를 독촉하는 아전이 문을 두드리는데, 그 호령은 사자의 울음 같아 산악을 뒤흔든다. 가마와 솥도 빼앗아가고 송아지와 돼지도 끌어간다. 그러고도 부족하여 관가로 끌어다가 볼기를 치는데 그 매를 맞고 돌아오면 기진하여 염병에 걸려서 풀 쓰러지듯 고기 물크러지듯 죽어가지만 만민의 원망 천지 사방 어느 곳에도 호소할 데가 없고, 백성이 모두 사지(死地)에 놓여도 슬퍼할 수가 없다. 어진 이는 위축되어 있고 뭇 소인배가 날뛰니 봉황은 입을 다물고 까마귀가 짖어대는 격이다.

파리야, 날아가려거든 북쪽으로 날아가라. 북쪽 천리를 날아가 구중궁궐에 가서, 그대의 충정(衷情)을 호소하고 그 깊은 슬픔을 아뢰거라. 강어(强禦)를 겁내지 않고 시비가 없다. 해와 달이 밝게 비치어 그 빛을 날리니, 정사를 폄에 인(仁)을 베풀고 신명에 고함에 규(圭)를 쓴다. 뇌정(雷霆)같이 울려 천위(天威)를 감격시키면 곡식도 잘되어 풍년을 이룰 것이다. 파리야, 그때에 남쪽으로 날아오라.

『징비록』의 사사에 대한 평(懲毖錄使事評)

　수장(首章)에, "황윤길(黃允吉)·김성일(金誠一) 등이 관백(關白)의 궁(宮)에 도착하여 교자를 타고 입궁하기를 허락받고, 당(堂)에 올라 의식을 행하였다. 이때 평수길(平秀吉)의 용모는 그저 민민하여 별다른 특징이 없었으며, 제신(諸臣) 두어 사람이 앉은 자리의 탁자 위에는 떡 한 그릇과 옹자배기의 탁주가 있었다. 두어 순배를 마시고 끝났는데, 수길은 안으로 들어가 편복(便服)을 입고 아이를 안고 나왔다. 그 아이가 오줌을 누자 수길은 웃으면서 시녀를 불러 아이를 맡기고 다른 옷으로 갈아입었다. 그 행동이 모두 교만 방자하여 곁에 사람이 없는 것 같이 하므로 사신들은 그만 물러나와 버렸는데, 그 후에는 다시 볼 수 없었다"고 하였다.

내가 『주례(周禮)』의 행인(行人 : 빈객의 접대를 맡은 관직)·사의(司儀 : 빈객을 접대하는 예의를 관장하는 관직)가 맡은 직무에 대한 것을 읽었는데, 그 조빙연향(朝聘燕享)의 예와 희뢰변두(餼牢籩豆)의 장만이 모두 충후(忠厚)하고 엄격하였으며 질서 정연하여 법도가 있었다. 또「빙례」(聘禮 : 『의례』의 편명)를 읽었는데 그 읍양승강(揖讓升降)의 절차와 노문대답(勞問對答)의 말이 모두 공손하고 정성스러워 분명한 법도가 있었다. 또 『춘추(春秋)』를 읽었는데 한선자(韓宣子)나 연주래(延州來)·계자(季子)와 같은 사람이 외국에 사신 갈 때마다 예법에 따라 그 사령(辭令)을 잘하였으니, 옛 사람들의 소중히 여긴 바가 빈례에 있었음을 알 수 있다.

　그러므로 부자(夫子)께서 사람을 논할 적에 '만약 외국에 사신 가서 군명(君命)을 욕되게 아니하는 자는 그 인품이 혹 향당주려(鄕黨州閭)의 유에서 뛰어난 사람이다' 라고 하였고, 후세에 내려와서도 소무(蘇武 : 漢나라 杜陵 사람)와 홍호(洪皓 : 宋나라 사람으로 字는 光弼) 같은 사람은 오랑캐나라에 사신 가서 의연히 굴하지 아니함으로써 오랑캐가 모두 복종하였다. 선비가 글을 읽고 도를 배워서 장차 어디에 쓸 것인가. 오직 나라를 빛내고 임금을 높여, 예의를 사이(四夷)에 전파하고 남이 우러러보는 위의를 만대에 보존하면 그것으로 만족하다 할 수 있다.

일본이 우리와 말다툼할 때를 당하여 황윤길(黃允吉)은 짤막한 서장(書狀)을 가지고 호랑이의 굴로 들어간 것이다. 그 전전긍긍 밤낮 두려워할 것은 오직 군명(君命)을 욕됨이 없게 하는 데 있고, 또 군명을 욕됨이 없게 하고자 한다면 스스로 예의를 잃지 않아야 한다. 그런데도 교자를 타고 관백(關白)의 궁(宮)으로 들어간 것은 무엇인가. 관백은 일본의 임금이니 우리나라 임금과 격이 같다. 명분과 의리에 해로움이 없는 예는 감히 넘어서는 안 되는 것이다. 관백을 일본의 대신(大臣)으로 여긴 것인가? 윤길은 3품관(品官)이다. 우리나라에 있어서는 3품관은 감히 높은 수레를 타고 대신의 문에도 들어가지 못한다. 일본의 풍속이 본래 그러해서였던가? 저들이 그들의 풍속으로 그리하라 하더라도 우리는 우리나라의 예(禮)로 대해야 하는 것이다. 또한 어찌하여 그 문에 이르러 수레에서 내려서 몸을 굽히고 머리를 숙여 조심스럽게 입궁하지 않았는가. 우리는 우리나라의 예로 입궁하였는데도 저들이 비례로 접대한다면 우리나라의 예를 들어 책망할 수 있다. 이와 같이 하였다면 어찌 그 말이 엄격하고 의리가 정당하지 않았겠는가.

나라 임금이 이웃나라의 국빈을 접견할 때 모시는 신하가 두어 사람에 불과함은 예가 아니며, 나라 임금이 이웃나라의 국빈에게 음식 대접을 할 때 떡 한 그릇에 술 두어 잔으로 함은 예가 아니다. 또 나라 임금이 이웃나라의 국빈을 접견하여 그 예가 끝나기 전에 훌쩍 일어나 안으로 들어감은 예가 아니고, 안으로 들어가 편복을 입고 아이를 안고 나오는 것도 예가 아니며, 아이가 오줌을 누자 시녀를 불러 맡기는 것도 예가 아니다. 저들이 비례로 우리를 접대하는데도 우리는 곧 두려운 마음으로 땅에 엎드려 감히 말 한 마디 입 밖에 내지 못하고, 말 한 마디 서로 교환하여 군명을 높이고 국가의 체통을 유지하지 못하였으니, 어찌 옳겠는가.

모시는 신하가 두어 사람에 지나지 않는다는 것은 예를 갖출 필요가 없다는 것을 보인 것이며, 떡 한 그릇에 탁주 두어 잔은 사신을 소홀히 대접하는 거친 음식이며, 접견례가 끝나기도 전에 안으로 들어가 편복 차림으로 아이를 안고 나와 시녀를 불러 맡기는 것은 우리를 노예로 대접하는 것이다. 그런데도 윤길은 묵묵히 한 마디 말도 없이 물러나왔으니 이것이 무슨 꼴인가.

옛날에 극헌자(郤獻子)가 제(齊)나라에서 회합을 가졌을 때, 제 경공(齊頃公)이 부인(경공의 어머니)으로 하여금 휘장을 치고 보게 하여, 그 웃음소리가 방으로부터 들려오자 헌자는 노기를 띠고 나와 이 치욕을 복수하기를 맹세하였는데, 이를 경전에 실어 미담으로 삼고 있다. 이때를 당하여 윤길이 경례를 들어 책망하고 몸을 일으켜 서서히 그 문을 나왔다 해도 어찌 저들이 함부로 죽이기야 하겠는가. 또 윤길이 어찌 일찍이 관백을 보았겠는가. 저들이 일개 교위(校尉)를 관백이라고 속여 우리 사신을 시험한 것이다. 그래서 교자를 타고 입궁하기를 허락하였고, 그래서 모시는 신하가 두어 사람이었고, 그래서 떡 한 그릇에 탁주 두 잔이었다. 황윤길이 어떻게 일찍이 꿈에선들 관백을 보았겠는가. 이처럼 면전에서 속여도 알 수가 없었으며 귀국하여 그대로 주달하면서도 의심하지 않았다. 이것이 바로 일본이 우리나라를 침략해 올 것을 예견할 수 없었던 원인이다. 어찌 통탄할 일이 아닌가.

녹암 권철신의 묘지명(鹿菴權哲身墓誌銘)

성호(星湖)선생은 독학(篤學)·역행(力行)하여 정주(程朱)를 따르고 근원을 찾아 공자에까지 거슬러 올라가서 성문(聖門)의 심오한 뜻을 계발하여 후학들에게 보여 주셨다. 선생이 만년에 한 제자를 얻었으니 그가 바로 녹암(鹿菴) 권철신(權哲身)이다. 공은 영민하고 지혜로우며 어질고 화순하여 재덕(才德)을 겸비하였으므로 선생이 매우 사랑하여 문학(文學)은 자하(子夏) 같고 포양(布揚)은 자공(子貢) 같을 것이라 믿으셨더니, 선생이 죽은 뒤로는 과연 재주 있고 준수한 후배들이 모두 공에게 모여들었다.

서서(西書)가 나오자 녹암의 동생 일신(日身)이 처음으로 화에 걸려 임자년(정조 16, 1792) 봄에 죽음을 당하였고 온 집안이 모두 서교(西敎)를 믿는다는 지목을 받았으나 녹암이 능히 금하지 못하였다. 그로 인해 녹암 역시 신유년 봄에 죽음을 당하여 드디어 학맥(學脈)이 단절되어 성호의 문하에 다시 학맥을 이을 만한 이가 없게 되었으니, 이는 녹암 한 집안의 비운일 뿐 아니라 일세의 비운이었다.

공의 휘는 철신, 자는 기명(旣明)이며, 자호(自號)는 녹암이고 재호(齋號)는 감호(鑑湖)이니 안동(安東) 권씨(權氏)이다. 먼 조상 양촌(陽村) 근(近)이 조선조에 벼슬하여 이상(貳相)이 되었는데, 이 분이 이상 제(踶)를 낳고 제가 좌의정 남(擥)을 낳고 남이 홍문관 제학 건(健)을 낳았다. 이후 4대는 모두 음사(蔭仕)하였으나 길천군(吉川君) 반(盼)이 다시 벼슬하여 병조 판서가 되었다. 반이 승문정자(承文正字) 경(儆)을 낳고, 경이 적(蹟)을 낳았는데, 적이 경학(經學)으로 대군(大君)의 스승이 되었고, 종조부 좌랑(佐郞) 척(倜)의 후사(後嗣)로 출계(出系)하여 종가(宗家)를 잇게 되었다. 척의 아버지는 바로 길천군의 형 준(晙)이다. 사부가 이조 참판 휘(諱) 흠(歆)을 낳았으니, 이 분이 공의 증조부이다. 조부는 진사(進士) 돈(敦)이고, 아버지 시암(尸菴) 암(巖)은 논의(論議)가 준엄하고 문학을 좋아하였으며 아들 다섯을 두었는데, 공이 맏이였다.

후세의 학문은 담론(談論)에 빠져 이기(理氣)와 정성(情

性)만을 논할 뿐 실천에 소홀하였으나 공의 학문은 효제충신(孝悌忠信)을 한결같이 종지로 삼아 부모에게 순종하고 뜻을 봉양하며, 친구와 형제를 한 몸처럼 아끼는 데에 힘쓰니, 그 문하에 들어간 자는 다만 한 덩어리의 화기(和氣)가 사방으로 퍼져 마치 향기가 사람을 엄습하는 것이 지란(芝蘭)의 방에 들어간 것 같은 느낌을 받을 뿐이었다. 아들과 조카들이 집안에 가득하나 마치 친형제처럼 화합하니, 그 집에 10여일이나 한 달을 머문 뒤에야 비로소 누가 누구의 아들이라는 것을 겨우 구별할 수 있을 정도였다.

노비와 전원, 또는 비축된 곡식을 서로 함께 사용하여 내 것 네 것의 구별이 조금도 없으니, 집에서 기르는 짐승들까지도 모두 길이 잘 들고 순하여 서로 싸우는 소리가 없었다. 진귀한 음식이 생기면 비록 그 양이 얼마 되지 않는다 할지라도 반드시 고루 나누어 종들에게까지 돌려주었다. 그러므로 친적과 이웃이 감화되고 향리(鄕里)가 사모하였으며, 먼 곳에 사는 사람들까지 우러러보니, 학문과 행검(行儉)을 힘쓰는 상류 사족(士族)들까지 모두 공을 사표(師表)로 삼아 자제를 문하에 들여보냈다. 그에 따라 명성이 자자하여 세상에서는 정백순(程伯淳 : 明道先生 程顥의 字)이 다시 태어났다고 하였다.

건륭(乾隆) 갑진년(정조 8, 1784)에 문효세자(文孝世子)를 책봉하고 경재(卿宰)들에게 동궁(東宮)의 관원(官員)이 될 만한 학행(學行)과 조이(操履)를 가진 사람을 각각 천거하게 하니, 판서 홍수보(洪秀輔)와 참판 채홍이(蔡弘履)가 함께 경학에 밝고 행실이 닦여졌다고 공을 천거하였으나 마침 세자가 5세에 죽었기 때문에 그 일은 마침내 시행되지 못 하였다. 그러나 경연관(經筵官)으로 초선(抄選)되었으니 끝내 그 벼슬길을 막을 수는 없었다.

과거 이벽이 처음으로 서교(西敎)를 선교할 때 따르는 사람이 많아지자, 이벽은 "감호(鑑湖)는 선비들이 우러러보는 사람이니, 감호가 교에 들어오면 들어오지 않는 자가 없을 것이다"라고 말하고, 드디어 감호를 방분하여 10여 일을 묵은 뒤에 돌아간 일이 있었는데 그때 공의 동생 일신(日身)이 열심히 이벽을 따랐다. 그러나 공은 서교를 믿지 않고 『우제의(虞祭義)』 1편을 지어 제사의 뜻을 밝혔다.

신해년 겨울 호남옥사(湖南獄事)가 일어나자 목만중(睦萬中)과 홍낙안(洪樂安)이 일신을 지적하여 고발하였으나, 일신이 끝내 죄를 자백하지 않으므로 제주로 귀양 보냈다. 상께서 타이르고 깨우치시니 일신이 옥중에서 회오문(悔悟文)을 지어 올렸으므로 죄를 조금 감하여 예산으로 유배지를 옮겼다. 일신이 옥에서 풀려난 지 얼마 되지 않아 죽으니, 이때부터 문도(門徒)가 다 끊어졌다. 공은 문을 닫아걸고 슬픔을 지닌 채 10여 년 동안이나 산문(山門) 밖을 나간 적이 없었다.

신유년 봄 공이 체포되어 옥에 갇혀 국문(鞠問)을 받았으나 증거가 나타나지 않자, 어떤 자가, "을묘년에 죽은 윤유일(尹有一 : 주문모 신부 체포사건으로 처형된 천주교도)이 본시 그의 제자였으니, 그 비밀스런 속사정을 알지 못한 바가 없었을 것이다"라고 하니, 드디어 이 자의 말에 의하여 공의 사형(死刑)을 결정하였다. 그때 마침 고문의 상처로 인해 공이 죽자 드디어 저자에 버릴 것을 의논하였으니, 그 날이 2월 25일이었다. 아, 인후(仁厚)하기는 기린 같고 자효(慈孝)하기는 호유(虎蜼) 같고 지혜롭기는 새벽 별 같고 얼굴과 용모는 봄 구름과 상서로운 해 같은 분이 형틀에서 죽어 시체가 거리에 버려졌으니, 어찌 슬프지 않은가.

경신년 봄 나의 계부(季父)가 귀천초당(歸川草堂)에 계실 때, "권철신은 갈가리 찢겨 죽어도 애석할 것 없다"고 하고, 이어서 "그러나 그가 집안에서 한 행실만은 훌륭하다"고 하니, 나의 중씨(仲氏)가, "그 행실이 훌륭한 사람을 어떻게 갈가리 찢어 죽일 수 있겠습니까?"라고 하던 말이 아직까지 기억에 새롭다. 아, 어찌 나의 계부만이 그렇게 생각했겠는가. 공의 효우(孝友)와 독행(篤行)에 대해서는 비록 공을 배척하는 사람들까지도 모두 인증하였다.

공은 병진년에 나서 신유년에 66세의 나이로 죽었다. 저서(著書)로는 『시칭(詩稱)』 2권과 『대학설(大學說)』 1권만이 전해지고 나머지는 모두 흩어져 없어졌다. 그러나 내가 들은 바로는, 공이 『대학(大學)』을 논함에는 격물은 물유본말(物有本末)의 물(物)을 격(格)하는 것이고, 치지는 지소선후(知所先後)의 지(知)를 치(致)하는 것이라 하고, 또 효·제·자(孝·悌·慈)를 명덕(明德)으로 삼고, 구본(舊本)에 반드시 착간(錯簡)이 있지 않다고 하였다. 『중용』을 논함에는 소불문(所不聞)·소부도(所不覩)를 상천지재무성무취(上天之載, 無聲無臭)라 하였으며, 사단(四端)을 논함에는 조기(趙岐)의 설을 따라 단(端)은 수(首)이며, 인·의·예·지(仁·義·禮·智)는 행사(行事)의 성명(成名)이라 하였다.

상례(喪禮)를 논함에는 형제는 동족의 통칭이고, 입후(立後)는 죽은 사람의 후사(後嗣)가 되는 것이며, 대하척(帶下尺)은 옷깃의 길이이며, 연미(燕尾)는 본래 없는 물건이며, 조상(弔喪)을 받을 때 주인(主人)만이 손님에게 절하고 그 밖의 주인은 손님에게 절하지 않는 것이라 하여, 이 때문에 많은 비난을 받았다. 국풍(國風)을 논함에는 정풍(鄭風)·위풍(衛風)은 음분(淫奔)을 풍자한 시라 하고, 『서경(書經)』을 논함에는 매씨(梅氏)의 25편을 위서(僞書)라 하였다. 이상의 말들이 비록 주자(朱子)가 논한 바와 다름이 없지 않으나, 공은 평생 주자를 애모하여 주자의 글을 외고 그 뜻을 기술하는 것을 퍽 즐겨하여, "나만큼 주자를 마음속으로 사모하는 사람은 없을 것이다"라고 하였다.

지난 경술년 겨울에 내가 희정당(熙政堂)에 입대(入對)하여 각신(閣臣 : 규장각의 관원) 김희(金憙) 등과 『대학』을 강론한 적이 있었는데, 공이 그 강론을 보고 매우 기뻐하며 칭찬을 아끼지 않았다. 지금 내가 남중(南中)에서 지은 책에는 『시경』에서는 몽송(矇誦)의 뜻을 밝혀 주었고 『서경』에서는 『유림전(儒林傳)』과 『예문지(藝文志)』를 인용하여 고문(古文)에도 두 종류가 있었음을 증명하였으며, 『예기』에서는 대의(大義) 수십 조항을 찾아내었다. 『악(樂)』에서는 취율(吹律)의 잘못된 것을 알아내었으며, 『역경(易經)』에서는 왕래(往來)와 승강(升降)의 뜻을 찾아내었고, 『춘추(春秋)』에서는 『주례(周禮)』의 유문(遺文)을 찾아내었다. 또한 사서(四書)에서는 인(仁)과 서(恕)가 일관하는 바른 뜻을 찾아낸 것들이 있으니, 만약 공이 살아 있을 때 내가 돌아왔다면 공의 기쁨이 어찌 끝이 있었겠는가.

선형(先兄) 약전(若銓)이 공을 스승으로 섬겨 지난 기해년 겨울 천진암(天眞菴) 주어사(走魚寺)에서 강학(講學)할 적에 이벽(李檗)이 눈 오는 밤에 찾아오자 촛불을 밝혀 놓고 경(經)을 담론(談論)하였는데, 그 7년 뒤에 비방이 생겼으니, 성대한 자리는 두 번 다시 열리기 어렵다는 것이 이를 두고 한 말이 아니겠는가. 공이 죽은 지 한 달 뒤에 호남에서 유항검(柳恒儉) 등을 잡아 포도청으로 압송하니, 포청에서는 온갖 고문을 다하여, "이가환 등이 은(銀)을 내어 선박을 부르려 했는데, 공도 홍낙민(洪樂敏)·이단원(李端源)과 함께 그 계획을 알고 있었다"는 초사(招辭)를 받아내었다. 그러자 사헌부와 사간원은 대계(臺啓 : 有罪로 인증하여 올리는 啓辭)하여 공에게 가율(加律)할 것을 청하였다. 아, 정말로 이런 계획이 있었다면 어찌 반드시 봄에 죽은 네 사람이 주관하였겠는가. 유항검 등이 죽은 사람을 끌어들인 것은 고문을 견딜 수 없어 부득이 거짓으로 공초(供招)하였던 것이다. 살아 있는 사람을 끌어들이면 변명할 것이므로 죽은 사람들을 끌어들여 고문의 고통을 면하고자 한 것일 뿐, 공이 이 계획에 참여하지 않았다는 것은 어린아이들까지 다 알고 있는 사실이다.

다산 저작선의 출처

詩 : 칼춤 시를 지어 미인에게 주다 〈舞劍篇贈美人, [1]1, 11-12〉

詩 : 교지를 받들고 순찰하던 중 적성의 시골집에서 짓다 〈奉旨廉察到積城村舍作, [1]2, 11〉

詩 : 굶주리는 백성들 〈飢民詩, [1]2, 12-13〉

策 : 전선책 〈戰船策, [1]9, 6〉

問 : 선비에 대하여 물음 〈問儒, [1]9, 19-20〉

議 : 통색(通塞)에 대한 논의 〈通塞議, [1]9, 31-32〉

疏 : 비방에 변명하고 동부승지를 사퇴하는 소 〈辨謗辭同副承旨疏, [1]9, 43-46〉

原 : 원목 〈原牧, [1]10, 4-5〉

論 : 역론 2 〈易論 二, [1]11, 2-3〉

論 : 전론 3 〈田論 三, [1]11, 4〉

論 : 기예론 1 〈技藝論 一, [1]11, 10-11〉

論 : 탕론 〈湯論, [1]11, 24〉

辨 : 이발기발(理發氣發)에 대한 변증 1 〈理發氣發辨 一, [1]12, 17〉

辨 : 치양지(致良知)에 대한 변증 〈致良知辨, [1]12, 18-19〉

序 : 상례사전서 〈喪禮四箋序, [1]12, 35-36〉

序 : 방례초본서 〈邦禮草本序, [1]12, 39-42〉

序 : 목민심서서 〈牧民心書序, [1]12, 42-43〉

序 : 흠흠신서서 〈欽欽新書序, [1]12, 43-44〉

序 : 국화 그림자를 읊은 시의 서 〈菊影詩序, [1]13, 4〉

記 : 여유당의 기문 〈與猶堂記, [1]13, 39-40〉

家誡 : 두 아들에게 보여주는 가계 〈示二子家誡, [1]18, 5-6〉

書 : 김공후에게 보냄 〈與金公厚, [1]19, 15〉

書 : 두 아들에게 부침 〈寄二兒, [1]21, 3-4〉

　　도산사숙록 〈陶山私淑錄, [1]22, 1-11〉

雜文 : 파리를 조문하는 글 〈吊蠅文, [1]22, 17-18〉

雜評 : 『징비록』의 사사에 대한 평 〈懲毖錄使事評, [1]22, 32-33〉

墓誌 : 녹암 권철신의 묘지명 〈鹿菴權哲身墓誌銘, [1]15, 33-35〉

신조선사 영인본 『여유당전서』의 집, 권, 쪽 순으로 표시되어 있다.

# 3부 관련서 및 연보

정약용의 인물과 사상을 이해하기 위해서는 정약용의 저술을 직접 읽거나 정약용에 관련된 저술을 읽는 두 가지 길이 있겠다. 어느 쪽을 먼저 읽어야 할지는 두 가지 모두 장단점이 있으니 독자의 관심과 취향에 따라 선택할 수 있다. 직접 원전을 읽으면 시대와 현실을 보는 정약용의 고뇌에 가득한 눈초리를 느낄 수 있고 신념에 넘친 주장의 목소리를 생생하게 들을 수 있을 것이다. 정약용에 관한 저술을 읽으면 그의 인물이나 사상을 전체적으로 조망하기가 쉽고 또 그의 학문과 사상의 내용을 체계적으로 정리하여 이해할 수가 있을 것이다.

관련서

(1) 먼저 원전을 읽고자 하면 쉽게 접하기는 정약용의 저술에서 흥미로운 내용을 가려 뽑은 선역본(選譯本)부터 시작하는 것이 좋겠다. 시집의 선역본으로는 송재소의 『다산시선』(창작과 비평)을 비롯하여, 김상홍의 『유형지의 애가(哀歌)』(단대출판부), 박석무의 『다산시집―애절양(哀絶陽)』(시인사) 등이 좋은 선역본이다. 또한 산문과 논설의 선집으로는 박석무의 『다산산문선』, 『유배지에서 보낸 편지』(창작과 비평), 『다산 논설선집』(현대실학사)과 박석무·정해렴의 『다산 문학선집』(현대실학사), 이익성의 『다산논총』(을유문화사) 등이 있다.

(2) 본격적으로 원전의 국역본을 읽고자 한다면 정약용의 시집과 문집으로는 민족문화추진회에서 번역한 『국역 다산 시문집』(솔) 9권이 있고, 경전 해석으로는 호남학연구소에서 번역한 『국역 여유당전서 : 경집1, 대학·중용』(전주대출판부)와 『국역 여유당전서 : 경집2-4, 논어』(여강출판사)가 있으며, 이지형의 『역주 다산 맹자요의(孟子要義)』(현대실학사)와 『국역 매씨서평(梅氏書評)』(문학과지성사)은 매우 공들인 번역서로 믿을 만하다.

경세론의 번역서로는 먼저 『목민심서』로 민족문화추진회에서 간행한 『국역 목민심서』 3권을 비롯하여 많은 번역본이 나와 있지만, 다산연구회에서 번역한 『역주 목민심서』(창작과비평사) 6권이 가장 충실한 번역과 주석으로 믿을 만하다. 그밖에 경세론의 저술로 민족문화추진회에서 번역한 『국역 경세유표』 4권과 박석무·정해렴의 『역주 흠흠신서』(현대실학사) 4권이 있다.

그 밖에도 언어에 관한 저술로 김종권의 『아언각비(雅言覺非)』(일지사)와 우리나라 지리에 관한 저술로 이민수의 『아방강역고(我邦疆域考)』(범우사)가 있으며, 또한 실시학사 경학연구회에서 번역하고 해설한 『다산과 문산(文山)의 인성논쟁』(한길사)은 심성개념에 관한 논쟁 내용이요, 『다산과 대산(臺山)·연천(淵泉)의 경학 논쟁』과 『다산과 석천(石泉)

의 경학 논쟁』(한길사)은 경전 해석에 관한 논쟁이요,『정체전중변(正體傳重辨)』(한길사)은 의례에 관한 쟁점의 해석으로서, 이 4권의 책은 정약용의 관련 저술뿐만 아니라 연관 자료를 수집하여 번역하고 중요한 쟁점을 깊이 있게 해설한 좋은 연구서라고 할 수 있다.

(3) 정약용의 인물과 사상을 쉽게 이해하는 데 도움이 될 만한 저술들도 많이 나와 있다. 그의 평전으로 생애와 행적을 살펴볼 수 있는 저술로서는 고승제의 『다산을 찾아서』(중앙일보사)와 박석무의 『다산 정약용 유배지에서 만나다』(한길사)가 현장감과 생동감 있는 좋은 길잡이가 될 것이다. 심경호의 『다산과 춘천』(강원대출판부)은 정약용이 북한강을 따라 춘천으로 가던 길의 행적과 기록을 매우 충실하게 그려내고 있다. 다산의 생애와 사상을 서술한 저술로는 북한에서 나온 최익한의 『실학파와 정다산』(국립출판사)이 폭넓고 깊은 통찰을 보여 주는 좋은 저술이고, 또한 이을호의 『정다산의 생애와 사상』(박영사)과 금장태의 『정약용—한국실학의 집대성』(성균관대출판부) 등이 있다.

(4) 정약용의 문학과 사상에 좀더 깊이 들어가려면, 문학에 관한 연구서로서 송재소의 『다산 시(詩)연구』(창작과비평

사), 김상홍의 『다산 정약용 문학연구』(단국대출판부), 김지용의 『정다산 문학연구』(형설출판사)가 있고, 사상의 이해로 좀더 깊이 들어가려면 이을호의 『다산학의 이해』(현암사)·『다산학 입문』(중앙일보사), 윤사순 편의 『정약용』(고려대출판부), 김형효 외의 『다산의 사상과 그 현대적 의의』(한국정신문화연구원), 한형조의 『주희에서 정약용으로』(세계사), 장승구의 『정약용과 실천의 철학』(서광사), 차성환의 『글로벌 시대의 정약용 세계관의 가능성과 한계』(집문당), 금장태의 『다산실학탐구』(소학사) 등이 있다.

특수한 영역으로 정약용의 서학(西學)사상에 관한 연구서에 김옥희의 『다산 정약용의 서학사상 연구』(순교의 맥)와 최석우 외의 『다산 정약용의 서학사상』(다섯수레)이 있고, 교육사상에 관해 정희숙의 『정약용의 사회교육사상』(배영사)과 임재윤의 『정약용의 교육개혁사상』(전남대출판부)이 있다.

경학에 관한 연구서로는 이을호의 『다산경학사상연구』(을유문화사)와 『다산의 역학(易學)』(민음사), 정병련의 『다산 사서학(四書學)연구』(경인문화사), 이지형의 『다산경학연구』(태학사), 정일균의 『다산 사서(四書)경학연구』(일지사), 최대우 외의 『정다산의 경학』(민음사), 금장태의 『도와 덕―다산과 오규 소라이의 중용·대학 해석』(이끌리오)이 있다.

경세학에 관해서는 홍이섭의 『정약용의 정치경제사상연구』(한국연구도서관), 강만길 외의 『다산의 정치경제사상』(창작과비평사), 김광진의 『정다산의 경제사상』(과학원출판사), 장동희의 『정약용의 행정사상』(일지사)을 비롯하여, 특히 『목민심서』에 관해서 김상홍의 『다시 읽는 목민심서』(한국문원), 안갑준의 『공인(公人)과 목민심서』(아세아문화사) 등 많은 책이 나와 있다.

(5) 그 밖에도 정약용의 사상과 배경을 종합적으로 해명하는 저술로서, 강만길 외의 『정다산과 그 시대』(민음사), 박병호 외의 『다산학의 탐구』(민음사), 한우근 외의 『정다산연구의 현황』(민음사)이 있고, 조성을의 『여유당집의 문헌학적 연구』(혜안)는 전문연구자들을 위해 좋은 참고자료가 될 것이다.

영어로 출간된 저술은 세튼(Mark Setton)의 Chong Yagyong--Korea's Challenge to Orthodox Neo-Confucianism (Albany : State University of New York Press)이 있다.

전문적 연구자를 위한 한문본 원전에는 정약용 저술의 필사본이 부분적으로 영인되었고, 활자본으로 신조선사본(新朝鮮社本)의 『여유당전서(與猶堂全書)』와 다산학회에서 편집한 『여유당전서 보유(補遺)』(경인문화사)가 영인본으로 나와 있다. 정약용 연구를 위한 학술단체의 학술지로서 다산학연구원에서 『다산학보』를 간행해 왔으나 13호(1992) 이후 중단되었고, 다산학술문화재단에서 『다산학』이 현재 5호(2004)까지 발간되고 있다.

다산 연보

*정규영(丁奎英)의 『사암선생연보(俟菴先生年譜)』를 주로 참조

1762(영조38, 壬午), 1세

6월 16일(이하 일자는 陰曆). 경기도 광주 초부면 마재(廣州草阜面 馬峴 : 현 남양주시 조안면 능내리)에서 부친 정재원(荷石 丁載遠)과 모친 해남 윤씨부인(海南 尹氏夫人 : 고산 윤선도 후손) 사이에서 출생하였다.(큰형 약현은 전실 의령 남씨 소생이고, 약전·약종·약용은 후실 해남 윤씨 소생이다.)
아명은 귀농(歸農), 관명은 약용(若鏞)이요, 자는 미용(美庸)·송보(頌甫), 호는 삼미자(三眉子)·다산(茶山)·사암(俟菴)·열초(洌樵)·자하도인(紫霞道人)·문암일인(門巖逸

人) 등이요, 당호는 여유당(與猶堂)이며, 천주교 세례명은 요한이다.

1765(영조41, 乙酉), 4세
천자문을 배우기 시작하였다.

1767(영조43, 丁亥), 6세
부친의 임지인 연천(連川)에 따라갔다.

1768(영조44, 戊子), 7세
서당에 나가 글을 배웠다.

오언시(五言詩)를 짓기 시작하였는데, 이 무렵 지었던 "소산폐대산(小山蔽大山) 원근지부동(遠近地不同)"(낮은 산이 큰 산을 가리니 원근 때문이네)라는 시구에서 보인 예리한 관찰력은 부친으로부터 칭찬을 받았다.

천연두를 앓은 흔적으로 인해 눈썹이 세 갈래로 갈라져서 삼미자(三眉子)라고 스스로 별호를 짓고, 10세 이전에 지은 시문을 모은 『삼미집(三眉集)』이 있었으나 현재 전하지 않는다.

1770(영조46, 庚寅), 9세
어머니 해남 윤씨부인이 43세로 세상을 떠났다.

1771(영조47, 辛卯), 10세
부친으로부터 경전과 역사서를 수업 받았다. 이 때 그는 작문에 힘써서 많은 글을 지었는데, 한 해 동안 지은 글이 자신의 키만큼 쌓였다 한다.

1774(영조50, 甲午), 13세

두보(杜甫)시의 운(韻)을 모방하여 수백 수를 지어 어른들로부터 칭찬을 받았다.

1776(영조52, 丙申), 15세

2월. 풍산 홍씨(豊山 洪氏) 홍화보(洪和輔)의 따님과 혼인하다. 부친이 호조좌랑(戶曹佐郞)으로 다시 벼슬에 나가자, 부친을 따라 서울에 올라가 남촌(南村)에 거주하였다.

1777(정조1, 丁酉), 16세

자형 이승훈(李承薰)을 따라 이가환(錦帶 李家煥)을 만나고, 성호 이익(星湖 李瀷)의 유고를 읽으면서 실학에 뜻을 두었다. 다산은 평소에 자손들에게 "나의 큰 꿈은 성호를 사숙하는 가운데 깨닫게 된 것이 많았다"고 말하였다.

가을. 부친이 전라도 화순현감(和順縣監)으로 부임하여 따라감.

1778(정조2, 戊戌), 17세

가을. 전라도 동복현(同福縣)의 물염정(勿染亭)과 광주의 서석산(瑞石山)을 유람하였다.

겨울. 둘째 형 약전과 화순현 동림사(東林寺)에서 『맹자』를 읽고 토론하면서 송유(宋儒)의 주석에서 벗어난 독자적 견해를 제시하였다.

1779(정조3, 己亥), 18세

부친의 명으로 서울에 돌아와 형 약전과 과거시험을 위해 여러 문체를 공부하였다.

겨울. 성균관에서 시행하는 시험인 승보시(陞補試)에 합격하였다.

1780(정조4, 庚子), 19세

부친이 경상도 예천(醴泉)군수로 옮겼다. 다산은 예천으로 가는 도중에 진주 촉석루(矗石樓)를 유람하였다. 이때 다산의 장인(洪和輔)이 경상우도 병마절도사로 진주에 있었.

부친이 어사(御史)의 무함(誣陷)을 당해 해직되자, 부친을 모시고 고향에 돌아와 독서하였다.

1781(정조5, 辛丑), 20세

서울에서 과거시험 공부를 위해 시(詩)를 익혔다.

7월. 첫딸을 낳았으나 5일 만에 죽었다.

1782(정조6, 壬寅), 21세

서울 창동(倉洞 : 현재 남대문시장) 체천(棣泉 : 형제우물)에 집을 사서 살았다.

가을. 봉은사(奉恩寺)에서 과거시험 공부를 위해 경의(經義)를 익혔다.

1783(정조7, 癸卯), 22세

2월. 세자(뒷날 純祖)책봉을 경축하는 증광감시(增廣監試)의 경의초시(經義初試)에 합격하였다.

4월. 회시(會試)에 생원(生員) 3등 제7인으로 합격하여 선정전(宣政殿)에서 사은하였다. 이 달에 성균관에 입학하였다.

회현방(會賢坊)의 재산루(在山樓)로 이사하였다.

9월. 장남 학연(學淵)이 태어났다.

1784(정조8, 甲辰), 23세

4월 15일. 고향 마재에서 큰형수의 제사를 지내고 다산의 3형제(약전·약종·약용)는 큰형(若鉉)의 처남인 이벽(李檗)과 함께 한강을 따라 서울로 오는 배 안에서 두미협(斗尾峽)을 지날 때 이벽이 천주교 교리를 웅변적으로 설명하는 것을 듣고 깊이 감명을 받았다. 서울에 올라온 뒤에 수표교(水標橋)로 이벽을 찾아가 『천주실의(天主實義)』와 『칠극(七克)』 등 천주교 교리서를 빌어보면서 천주교에 심취하기 시작하였다. 이 해 봄에 이승훈(李承薰)이 북경 천주당에서 세례를 받고 귀국하였다.

여름. 정조 임금이 태학생에게 『중용』에 관해 70조목의 질문을 하자, 이벽(李檗)과 토론을 거쳐 대답을 작성한 『중용강의(中庸講義)』를 바쳐서 정조의 칭찬을 받았다.

1785(정조9, 乙巳), 24세

2월과 4월에 반제(泮製 : 성균관 유생들에게 시행하는 시험)에 뽑혀 임금의 칭찬과 더불어 종이와 붓을 상으로 받았으며,

12월에는 임금이 친히 춘당대(春塘臺)와 성정각(誠正閣)에 나와 부(賦)를 짓게 하였는데 수석하여 『대전통편(大典通編)』 한 질을 상으로 받았다.

10월. 정시(庭試) 초시(初試)에 수석으로 합격하였다.

11월. 감제(柑製 : 제주도에서 감귤이 공헌되어 올라오면 성균관 유생들에게 시행하는 시험) 초시에 합격하였다.

1786(정조10, 丙午), 25세

2월. 별시(別試) 초시에 합격하였다.

7월. 차남 학유(學游)가 태어났다.

8월. 도기(到記 : 일정한 출석점수를 얻은 성균관 유생에게 시행하는 시험) 초시에 합격하였다.

1787(정조11, 丁未), 26세

반제(泮製)에 여러 차례 잇달아 뽑혀 임금의 칭찬과 함께 『팔자백선(八子百選)』·『국조보감(國朝寶鑑)』·『병학통(兵學通)』 등을 상으로 받았다.

1788(정조12, 戊申), 27세

1월·3월. 반제에 합격하였다.

1789(정조13, 己酉), 28세

1월. 반시(泮試)에 표문(表文)으로 수석하여 3월에 곧바로 전시(殿試)에 나가 대과(大科)에 갑과2위로 급제하여 종7품의 희릉직장(禧陵直長)에 임명되었다.

당하 문관(堂下文官) 가운데 문학이 뛰어난 자를 뽑아 쓰는 초계문신(抄啓文臣)으로 뽑혔다.

4월. 임금이 초계문신들과 희정당(熙政堂)에서 『대학』에 관한 토론한 내용을 『대학강의(大學講義)』로 기록하였다.

5월. 오위(五衛)의 부사정(副司正)으로 옮기고, 6월에 승정원(承政院) 가주서(假注書)에 제수되었다.

겨울. 배다리(舟橋)를 설치할 때 제작규제를 만들어 공을 이루었다.

12월. 3남 구장(懼牂)이 태어났으나 3일 만에 죽었다.

장헌세자(莊獻世子 : 思悼世子)의 묘를 수원으로 이장하였다.

1790(정조14, 庚戌), 29세

2월 예문관(藝文館) 검열(檢閱)에 임명되었다.

3월 한림(翰林)에 선발되는 과정의 문제로 해미현(海美縣 : 현 충남 서산군)에 유배되었으나, 10일 만에 풀려났다.

5월 예문관 검열에 다시 임명되었다가 곧 용양위(龍驤衛) 부사과(副司果)로 승진하였다.

9월 사간원 정언(司諫院 正言)과 이어서 사헌부 지평(司憲府 持平)에 제수되었다.

이 해에 「십삼경책(十三經策)」·「문체책(文體策)」·「맹자책(孟子策)」에서 개혁적 견해를 제시하였다.

1791(정조15, 辛亥), 30세

5월에 사간원 정언에 제수되고, 10월에 사헌부 지평에 제수되었다.

겨울. 정조에게 『시경강의(詩經講義)』 800여 조를 올려서 크게 칭찬을 받았다.

겨울. 호남 진산(珍山 : 현 충남 금산군 진산면)에서 천주교도 윤지충(尹持忠; 다산의 外從兄)·권상연(權尙然 : 윤지충의 외종형)이 제사를 폐지하고 신주를 불태운 사건(辛亥珍山事件)으로 처형을 당하였다.

1792(정조16, 壬子), 31세

3월. 홍문관 수찬(弘文館 修撰)에 제수되었다.

4월. 부친이 진주목사로 재임 중에 세상을 떠나 진주로 분상(奔喪)하였고, 하담(荷潭 : 현 忠州市 金加面 荷潭里)의 선영(先塋)에 장사지냈다.

거상 중에 특명을 받아 수원성을 설계하고 등옥함(鄧玉函, Terrenz)의 『기기도설(奇器圖說)』을 참고하여 기중기(起重機)·녹로(轆轤) 등을 고안하고, 이를 수원성 축조에 이용함으로써 경비를 4만 냥이나 절약하였다. 이 때의 저술로 『성설(城說)』·『기중도설(起重圖說)』 등이 있다.

1794(정조18, 甲寅), 33세

6월. 부친상을 마쳤다.

7월. 성균관 직강(直講)에 제수되고, 8월에 비변사랑(備邊司郞)이 되었다.

10월. 홍문관 교리(校理)에 이어 수찬(修撰)에 제수되었다.

10월. 경기도 암행어사로 나가서 가난하고 핍박받는 백성들의 고통을 생생하게 목격하였으며, 전 연천 현감 김양직(金養直)과 전 삭녕 군수 강명길(康命吉)의 폭정을 고발하여 처벌하도록 하였다.

12월. 경모궁상존호도감(景慕宮上尊號都監)의 도청(都廳)에 임명되고, 홍문관 부교리에 제수되었다.

1795(정조19, 乙卯), 34세

정월. 사간원 사간(司諫)에 이어 승정원 동부승지(同副承旨)에 제수되었다.

2월. 병조참의(兵曹參議)에 제수되었다. 감시(監試) 회시(會試)의 고관(考官)이 되었다.

3월. 의궤청(儀軌廳) 찬집문신(纂輯文臣)에 임명되고, 왕명으로 『정리통고(整理通攷)』 등의 편찬을 맡았다. 승정원 우부승지(右副承旨)에 제수되었다.

7월. 중국인 신부 주문모(周文謨)가 잠입하여 활동한 사실이 발각되자, 다산에 대한 반대파의 비난이 일어나자 충청도 금정역(金井驛 : 현 청양군 남양면 금정리) 찰방(察訪)으로 좌천되었다. 이때 성호의 종손(從孫)인 목재 이삼환(木齋 李森

煥)을 모시고 내포(內浦 : 현 충남 揷橋川 서쪽의 牙山·唐津·洪州·德山을 포함한 지역)의 친우들이 온양(溫陽)의 석암사(石巖寺)에 모여 성호의 유고인 『가례질서(家禮疾書)』를 교정하고, 강학하였던 내용을 『서암강학기(西巖講學記)』에 수록하였다.

다산은 금정역 찰방으로 근무하면서 매일 아침 세수를 하고 나서 퇴계의 편지를 한통씩 읽고 오전 사무를 마친 뒤 정오에는 그 편지에 대한 감회를 기록하였던 것이 『도산사숙록(陶山私淑錄)』이다.

12월. 용양위(龍驤衛) 부사직(副司直)으로 옮겨졌다.

1796(정조20, 丙辰), 35세

10월. 왕명으로 규영부(奎瀛府 : 奎章閣)에서 『사기영선(史記英選)』을 교감하였다.

12월. 병조 참지(兵曹 參知)에 제수되고, 잇달아 우부승지를 거쳐 좌부승지로 승진되고, 부호군(副護軍)으로 옮겨졌다.

1797(정조21, 丁巳), 36세

3월. 왕명으로 『춘추경전(春秋經傳)』을 교감하고, 또한 이문원(摛文院 : 御眞·御製·御筆 등을 보관하던 창덕궁 안의 관청으로 규장각 관원의 숙식소이기도 하다)에서 『두시(杜詩)』를 교감하였다.

6월. 승정원 동부승지에 제수되었으나, 사직하는 상소「변방사동부승지소(辨謗辭同副承旨疏 : 자명소(自明疏)라고도 함)」를 올려, 자신이 천주교에 물들게 되고 벗어나게 된 경위를 밝혀 천주교도라는 비난에 대해 해명하였다.

6월. 황해도 곡산부사(谷山府使)에 제수되었다. 윤계심(尹啓心)이란 백성이 전임 부사 때 부당한 조세에 항의하여 천여 명의 백성들을 이끌고 관청에 몰려와 호소하였던 일로 체포령이 내려졌었는데, 다산이 부임하는 날 윤계심이 자수하였다. 서리들이 그를 포박하도록 요구하였지만, 다산은 "한 고을에 모름지기 너와 같은 자가 있어서 형벌을 두려워하지 않고 죽음도 두려워하지 않으며 만백성을 위해 그 원통함을 펼칠 수 있어야 한다. 천금은 얻을 수 있었지만 너 같은 사람을 얻기는 어렵다"고 하며, 바로 석방해 주었다.

겨울. 『마과회통(麻科會通)』 12권을 완성하였다.

1798(정조22, 戊午), 37세

4월. 왕명으로 『사기찬주(史記纂註)』를 올렸다.

1799(정조23, 己未), 38세

2월. 청나라 고종(高宗)이 1월에 죽음으로 중국 사신이 오게 되자, 왕명을 받들어 황주(黃州)에 영위사(迎慰使)로 나갔다. 황주에 나가 있는 동안 황해도 수령들을 감찰하라는 임금의 밀명을 받았다.

봄. 「응지론농정소(應旨論農政疏)」를 올려 농업발전 방책을 제시하였다.

4월. 병조 참지(參知)에 제수되어 곡산을 떠났다.

5월. 서울에 들어오자 형조 참의(參議)에 제수되었다.

12월. 4남 농장(農牂)이 태어났다.

1800(정조24, 庚申), 39세

봄. 반대파의 비난이 격심해지자 처자를 데리고 고향에 돌아갔으나, 왕명으로 다시 서울로 돌아왔다.

6월. 정조가 승하(昇遐)하자, 고향으로 돌아와 당호(堂號)를 여유당(與猶堂)이라고 붙이고, 학문에 열중하였으며, 이때 『문헌비고간오(文獻備考刊誤)』를 완성하였다.

1801(순조1, 辛酉), 40세

2월 9일. 셋째형 약종(若鍾, 세례명 아오스딩)이 교회 관련 문서를 담은 책롱(册籠)을 몰래 옮기려다 발각되자, 다산의 3형제가 체포되어 의금부에 투옥되었다. 셋째형 약종은 사형당하고, 둘째형 약전(若銓)은 신지도(薪知島 : 현 莞島郡 薪智面)로 다산 자신은 경상도 장기(長鬐 : 현 迎日郡 只杏面)로 유배되었다. 신유교옥(辛酉敎獄)으로 다산과 가까운 인물로서 이가환(李家煥)・권철신(權哲身)・이승훈(李承薰) 등이 사학(邪學)의 죄목으로 처형되었다.

장기에서 『이아술(爾雅述)』 6권, 『기해방례변(己亥邦禮辨)』을 저술하고, 『백언시(百諺詩)』(1820년 수정 보완하여 『이담

속찬』으로 완성)를 편찬하였다.

10월에 황사영(黃嗣永)의 백서사건이 일어나자 다시 서울로 불려와 조사를 받고, 11월에 약전은 흑산도로 유배되고, 다산은 강진으로 유배되었다.

1802(순조2, 壬戌), 41세

유배 초기에 다산은 강진 성 동쪽 떡장수 노파의 비좁은 뒷방을 얻어서 8년 동안이나 머물렀는데, 그 집의 이름을 '사의재(四宜齋)' 라 붙였다.

4남 농장(農牂)이 4세로 일찍 죽었다.

1803(순조3, 癸亥), 42세

김대비의 해배(解配)명령이 있었으나 서용보(徐龍輔)가 반대하여 이루어지지 않았다.

이때의 저술로 『단궁잠오(檀弓箴誤)』·『조전고(弔奠考)』·『예전상의광(禮箋喪儀匡)』이 있다.

1804(순조4, 甲子), 43세

『아학편훈의(兒學編訓義)』를 저술하다.

1805(순조5, 乙丑), 44세

봄에 백련사(白蓮寺)에서 아암 혜장선사(兒庵 惠藏禪師)와 만나 교유하였다.

여름. 『정체전중변(正體傳重辨 : 己亥邦禮辨)』 3권을 저술하였다.

겨울. 큰 아들 학연이 뵈러 와 보은산방(寶恩山房 : 高聲寺)에서 『주역』과 『예기』를 강론하였으며, 이때의 문답을 기록한 것이 『승암문답』(僧菴問答)이다.

1806(순조6, 丙寅), 45세

문인 이청(李晴 : 初名 鶴來)의 집으로 옮겼다.

1807(순조7, 丁卯), 46세

5월. 장손 대림(大林)이 태어났다.

겨울. 「상구정(喪具訂)」편을 저술하였다.

1808(순조8, 戊辰), 47세

봄. 처사(處士) 윤단(尹慱)의 산정(山亭)으로 옮겨갔다. 이곳이 다산초당(茶山草堂)으로 동암(東菴)·서암(西菴)에는 천여 권의 장서가 갖추어져 있었으며, 다산은 축대를 쌓고 화초를 심었고, 연못을 파고 물을 끌어 폭포를 만들고, 부근의 석벽에 '정석(丁石)'이라 두 글자를 새기고 후생들을 가르치며 저술에 몰두하였다.

둘째 아들 학유가 뵈러 왔다.

이 해의 저술로 『다산문답(茶山問答)』 1권, 『다산제생증언(茶山諸生贈言)』이 있고, 『제례고정(祭禮考定)』, 『주역심전(周易心箋 : 周易四箋)』이 있다.

1809(순조9, 己巳), 48세

봄. 「상복상(喪服商)」편을 저술하였다.

1810(순조10, 庚午), 49세

큰 아들 학연이 정부에 호소하여 해배의 명령이 내렸으나 홍명주(洪命周)·이기경(李基慶)이 방해하여 이루어지지 않았다.
이 해의 저술로『시경강의보(詩經講義補)』12권을 비롯하여,『관례작의(冠禮酌儀)』·『가례작의(嘉禮酌儀)』·『상서고훈수략(尙書古訓蒐略)』·『매씨서평(梅氏書平)』·『소학주관(小學珠串)』이 있다.

1811(순조11, 辛未), 50세

이 해에『아방강역고(我邦疆域考)』·『상서지원록(尙書知遠錄)』을 저술하고,「상기별(喪期別)」편을 지어『상례사전(喪禮四箋)』(「喪儀匡」「喪具訂」「喪服商」「喪期別」의 4편으로 이루어짐) 50권을 완성하였다.

1812(순조12, 壬申), 51세

이 해에 홍경래(洪景來)의 난이 일어나자『민보의(民堡議)』를 저술하였고,『춘추고징(春秋考徵)』을 마쳤다.

1813(순조13, 癸酉), 52세

『논어고금주(論語古今註)』40권을 완성하였는데, 문인 이강회(李綱會)·윤동(尹峒)이 도왔다.

1814(순조14, 甲戌), 53세

4월. 의금부(議禁府)에서 해배시키려 하였으나 강준흠(姜浚欽)의 상소로 저지되었다.

문산 이재의(文山 李載毅)가 다산초당으로 찾아와 토론하고, 이후 왕복서신으로 인성론(人性論)의 문제를 토론하였다.

이 해에 『맹자요의(孟子要義)』・『대학공의(大學公議)』・『중용자잠』(中庸自箴)을 저술하고, 『중용강의보(中庸講義補)』를 수정하였으며, 이청(李晴)에게 주석을 모으도록 하여 『대동수경(大東水經)』을 완성하였다.

1815(순조15, 乙亥), 54세

『심경밀험(心經密驗)』과 『소학지언(小學枝言)』을 저술하였다.

1816(순조16, 丙子), 55세

6월에 둘째형 약전이 유배지 흑산도에서 죽었으며, 『손암선생묘지명(巽菴先生墓誌銘)』을 지었다.

『악서고존(樂書孤存)』을 저술하다.

1817(순조17, 丁丑), 56세

『상의절요(喪儀節要)』를 저술하고 『경세유표(經世遺表 : 邦禮草本)』를 편집하였으나 완성하지는 못했다.

1818(순조18, 戊寅), 57세

봄에 『목민심서(牧民心書)』를 완성하고, 여름에 『국조전례고(國朝典禮考)』를 마쳤다.

8월. 이태순(李泰淳)의 상소로 18년 만에 유배에서 풀려나 9월 초에 강진을 떠나 고향으로 돌아왔다.

1819(순조19, 己卯), 58세

충주 하담의 선영에 성묘하고, 가을에 용문산을 유람하였다. 겨울. 정부에서 다산을 다시 등용하여 경전(經田 : 토지 측량)을 맡기기로 결정되었으나 서용보의 저지로 이루어지지 않았다.

『흠흠신서(欽欽新書)』와 『아언각비(雅言覺非)』를 완성하였다.

1820(순조20, 庚辰), 59세

춘천 청평산(淸平山)을 유람하였다.

1821(순조21, 辛巳), 60세

9월 맏형 약현(若鉉)이 죽었다.

『사대고례산보(事大考例刪補)』를 저술하고, 『역학서언(易學緖言)』을 마쳤다.

1822(순조22, 壬午), 61세

회갑의 해를 맞아 「자찬묘지명(自撰墓誌銘)」을 광중본(壙中本)과 집중본(集中本)의 두 가지로 지었다.

봄에 대산 김매순(臺山 金邁淳)과 경의(經義)에 관해 토론하고, 여름에 석천 신작(石泉 申綽)과 『주례(周禮)』에 관해 왕복서신으로 토론하였다.

1823(순조23, 癸未), 62세

9월. 승지 후보로 낙점되었으나 곧 취소되었다.

1827(순조27, 丁亥), 66세

세자(翼宗으로 추존)가 대리청정(代理聽政)하던 초년에 다산을 등용시키려고 하였으나 윤극배(尹克培)가 상소하여 혹독하게 비난하였으나 무고임이 드러났다.

1830(순조30, 庚寅), 69세

다산이 의술에 정통함을 인정하여 대리청정하던 세자의 치료를 위해 부호군(副護軍)에 임명되었다. 다산은 입궐하여 세자를 진찰하였으나 약을 올리기 전에 세자는 운명하고 말았다.

1833(순조33, 癸巳), 72세

연천 홍석주(淵泉 洪奭周)가 연경(燕京)에서 가져온 완원(阮元)의 『십삼경교감기(十三經校勘記)』를 빌려주어 읽었다.

1834(순조34, 甲午), 73세

11월. 순조의 병세가 위중하여 소명을 받고 급히 상경하였으나 홍인문(興仁門)에 들어섰을 때 승하(昇遐)하였다는 소식을 듣고 귀향하였다.

『상서고훈수략(尙書古訓蒐略)』과 『상서지원록(尙書知遠錄)』을 수정하여 『상서고훈(尙書古訓)』으로 합편하였으며, 『매씨서평(梅氏書平)』을 개정하였다.

1836(헌종2, 丙申), 75세

2월 22일 진시(오전 7시~9시)에 75세로 마재의 고향 집(與猶

堂)에서 세상을 떠났다. 이날은 우연하게도 그가 부인 풍산 홍씨와 결혼한 지 60주년이 되는 날이었다.

4월 1일. 다산은 고향 집의 뒷동산에 안장되었다.

1882(고종19, 壬午)

『여유당전서(與猶堂全書)』가 전사(全寫)되어 내각(內閣)에 수장(收藏)되었다.

1910(순종4, 庚戌)

7월 18일 정이품(正二品) 정헌대부(正憲大夫) 규장각 제학(奎章閣 提學)으로 추증(追贈)되고 시호를 문도(文度 : 博學多聞曰文, 制事合義曰度)라 하였다.

1925(乙丑)

대홍수로 다산의 고택 여유당이 떠내려갔으나, 다행히 현손(丁奎英)이 유고(遺稿)를 구출하였다.

1936(丙申)

다산 서거 100주년을 맞아 다산의 학문과 사상을 활발히 소개하면서 국학(國學)에 대한 관심이 고조되었다.

1936년 다산서거 100주년사업으로 정인보(鄭寅普)·안재홍(安在鴻) 등의 노력으로 1934년에서 1938년까지 5년에 걸쳐 신조선사(新朝鮮社)에서 활자본 『여유당전서』 154권 76책이 간행되었다.

다산 정약용

펴낸날	초판 1쇄 2005년 3월 20일
	초판 6쇄 2021년 8월 13일
지은이	금장태
펴낸이	심만수
펴낸곳	(주)살림출판사
출판등록	1989년 11월 1일 제9-210호
주소	경기도 파주시 광인사길 30
전화	031-955-1350 팩스 031-624-1356
홈페이지	http://www.sallimbooks.com
이메일	book@sallimbooks.com
ISBN	978-89-522-0353-3 04080
	978-89-522-0314-3 04080 (세트)

※ 값은 뒤표지에 있습니다.
※ 잘못 만들어진 책은 구입하신 서점에서 바꾸어 드립니다.